KB080466

우리는 서로를 어떻게 바라보고 있는가?

– 한국언론인 9인의 중국에세이

황재호 엮음

我们应如何看待彼此 – 九位韩国记者的中国随笔集

우리는 서로를 어떻게 바라보고 있는가?

– 한국언론인 9인의 중국에세이

황재호 엮음

黄载皓 编著

오색필

서문

현재 한중관계는 1992년 수교 이후 양적 외형적 성과에도 불구하고 외교안보에서부터 경제무역과 사회문화에 이르기까지 대부분의 영역에서 갈등이 심화되고 상호 인식이 악화되고 있다. 최근 수년 목도하고 있는 한중관계의 불확실성과 불안정성은 정부와 정부를 넘어 민간과 민간 간 감정까지 부정적 영향을 미치고 있어 양국의 전략적 협력동반자관계에 큰 부담이 되고 있다.

글로벌전략협력연구원은 2020년 개원한 이래 양국의 건강하고 지속적인 우호 교류를 위한 플랫폼 제공에 노력해왔다. 2023년에도 이와 관련해 수차례 크고 작은 컨퍼런스와 세미나를 개최했는데 그중 하나가 10월 25일 "서로의 모습을 어떻게 바라보고 있는가" 주제로 열린 한중언론대화였다. 양국 15명 언론인들이 양국의 언론 보도 형식과 내용에 대한 시각차와 입장차를 공유하는 한편 상대 언론에 대한 기대와 제언의 시간을 가졌다.

기실, 2023년 한중언론대화를 개최하게 된 배경에는 한중관계에 있어 언론의 중요도와 영향력이 매우 크기 때문이다. 양국 국민은 모두 언론을 통해 국제정세를 보고 듣고 이해한다. 언론은 펜으로 양국관계에 영향을 미칠 수 있는 '힘'을 가지고 있다. 언론의 상대에 대한 인식과 평가는 자국 국민에게 긍정적 부정적 인식과 평가에 그대로 투영된다. 따라서 언론은 역사의 객관적 기록자, 기억의 화자이기도 하지만 양국 관계의 악화를 예방하는 최후 보루이자 관계 개선과 전진의 최전선이기도 하다.

이어서 본 연구원은 한중언론대화의 성과를 책자로 발간하면 어떨까 기획하게 되었다. 이번 책작업을 통해 세 가지 기여를 할 수 있을 것이라 믿었다. 첫째, 서로를 더 잘 알고 이해하려는 자세는 양국 미래에 긍정적 에너지를 발산하는데 기여할 것이다. 둘째, 이러한 상호작용과 노력은 양 국민의 상호 오해와 불신 해소에 기여할 것이다. 셋째, 비난이 아닌 비판적 자세는 양국관계의 내실 있는 건설적 발전에 기여할 것이다. 이를 통해 상대국과 상대 국민에 대한 부정적 시각과 정서에 긍정적 변화를 가져올 것이다. 나아가 한중 양국이 합의한 전략적 협력동반자관계에 명실상부하게 부합할 수 있도록 도울 것이다.

본 연구원의 이번 책작업이 양국 관계 발전의 작은 밑거름이 되기를 기대하면서 관심을 가져 주시고 도와 주신 모든 분들의 격려와 동참에 감사의 말씀을 드린다. 싱하이밍 주한중국대사께서는 한중언론대화에 직접 축사를 해주신데 이어 이번 책자 발간에 추천사를 써주셨다. 김동훈 기자협회 전 회장께서는 축하의 말씀을 주셨고 박종현 회장께서는 이번 책의 추천사를 보내주셨다. 상호 소통의 중요성에 공감하고 함께 언론의 지향점을 공유하기 위해 이번 책작업에 참여해 주신 한국 언론인 아홉 분과 본 책자 발간의 모티브가 된 한중 언론대화의 한중 양측 패널 분들께도 감사의 말씀을 드린다.

〈우리는 서로를 어떻게 바라보고 있는가〉는 아마도 한국언론인이 중국과 중국언론을 바라보는 시각을 담은 첫 책작업일 듯 하다. 물론 이번 한번의 책작업으로 모든 오해와 오보가 눈녹듯 사라지는 것은 아니다. 무어라도 하는 것이 아무것도 하지 않는 것보다 낫다. 열린 마음은 상대방의 말을 경청하게 하고 우정어린 충고로 받아들이게 할 것이다. 이번에는 한국 측만이었지만 다음에는 한중 양측 모두의 에세이를 기대한다. 한중 언론이 양국과 양 국민들이 상호 우호 감정 증진을 위한 확산 노력 배가를 진심으로 기대한다.

2024년 4월 25일

황재호 글로벌전략협력연구원 원장

前言

尽管自1992年建交以来中韩两国不断深化务实合作，取得了令人瞩目的成就，但当前中韩双边关系在外交安全、经济贸易和社会文化等领域都存在着矛盾加深和观感恶化的问题。近年来，双边关系的不确定性和不稳定性对政府与民间情绪产生了负面影响，给两国的战略合作伙伴关系带来了巨大压力。

全球战略合作研究院自 2020 年成立以来，一直致力于维系两国健康、持久的友谊提供平台。为此，研究院在2023年举办了多次座谈和研讨会，10月25日举办的中韩媒体对话便是其中之一，主题为“中韩媒体如何看待彼此”。来自中韩两国的15名记者就两国媒体报道的形式和内容分享了自己的观点和看法，并向对方提出了期望和建议。

举办 2023 年中韩媒体对话基于媒体在中韩关系中的重要性和影响力。两国媒体是各自国民了解对方的重要渠道，因此拥有影响双边关系的力量。媒体对另一方的看法和评价最终会反映到本国人民对另一方的正面或负面的看法和评价。因此，媒体不仅是历史的客观记录者和记忆的叙述者，也是防止双边关系恶化的最后一道防线，更是改善和推动双边关系的前沿阵地。

随后，研究院考虑将媒体对话的成果出版成书。我们认为这将发挥三方面作用：第一，增进相互了解和理解将有助于为两国的未来提供正能量。第二，这种互动和努力将有助于减少两国人民之间的相互误解和不信任。第三，不评判、不指责的态度将有助于双边关系的持久健康发展。它将积极改变对对方国家及其人民的负面看法和情绪。这将有助于两国维系战略伙伴关系。

研究院对所有对本书给予鼓励和支持的人表示感谢，希望本书能为双边关系的发展做出一点贡献。中华人民共和国驻大韩民国大使邢海明在媒体对话会上致贺词，并对本书的出版表示祝贺。韩国新闻协会前会长金东勋向我们表示祝贺，韩国新闻协会现任会长朴钟铉为本书撰写了推荐语。研究院还要感谢韩中媒体对话双方的专家学者，这也是本书出版的动因。

也许, 这是韩国记者在韩国出版的第一本关于如何看待中国的书。一本书的出版并不能消除所有的误会, 失实的报道也不会随之烟消云散。但做出一些哪怕是微不足道的努力总胜过无动于衷。打开心扉迎来的只会是洋溢着友情的忠告, 而绝非指责和非难。虽然这一次只收录了韩方的随笔, 但下一次会期待中方的加入, 等待我们的将是两国记者精彩的笔尖论道。我衷心希望中韩两国媒体能够就如何促进两国人民之间的相互友谊达成共识, 并真诚地为此加倍努力。

2024年 4月 25日

黄载皓 全球战略合作研究院院长

추천사

글로벌전략협력연구원의 《우리는 서로를 어떻게 바라보고 있는가 – 한국언론인 9인의 중국에세이》의 성공적인 출간을 진심으로 축하드립니다!

중한 양국은 이사 갈 수 없는 가까운 이웃이자 떼레야 뗄 수 없는 파트너입니다. 수교 이후 32년간 중한 관계의 발전은 양국과 양국 국민에게 실질적인 이익을 가져주었고 지역과 세계의 평화와 안정, 발전과 번영에도 크게 기여했습니다. 현재 100년간 없었던 큰 변화가 가속화되고 있고 중한 관계 역시 새로운 복잡한 요소들에 직면해 있습니다. 그러나 일련의 사실을 통해, 지역과 국제 정세가 어떻게 변하든 중한 간 우호 관계와 협력을 지속적으로 심화하는 것이 양국의 유일한 올바른 선택이라는 점을 충분히 알 수 있습니다.

여러 이유로 인해, 현재 중한 국민 간 소통이 일부 원활하지 않고 서로에 대한 오해도 존재하고 있습니다. 이에 따라 양국 국민 간의 우호 감정이 다소 약해졌습니다. 언론은 정보를 얻는 매개체이자 통로로, 양국 국민이 서로에 대한 이해와 우호 감정을 증진하는 데 있어 중요한 역할을 하며 막중한 책임을 지닙니다. 본서는 한국 언론인의 시각에서 중한 양국이 서로를 바라보는 올바른 방법을 모색하는 내용이 담겨 있습니다. 이를 통해 양국의 언론과 많은 독자들이 어떻게 하면 서로를 더욱 깊고 빠르게 이해하고 마음의 거리를 좁히며 친해질 수 있을지에 대해 생각해 보는 기회를 갖게 될 것이라 믿습니다. 본서가 중한 양국의 언론 교류를 강화하고 양국 관계의 발전을 촉진하는 데 있어 긍정적인 역할을 할 것으로 기대합니다.

중한 양국이 '구동존이, 상향이행(求同存異, 相向而行)'을 실천하며 함께 손잡고 나아가 양국 관계의 아름다운 미래를 함께 열어가고 양국 국민 간 우정의 새로운 역사를 함께 써 내려가기를 바랍니다.

2024년 4월 25일

싱하이밍 주한중국대사

推荐语

热烈祝贺全球战略合作研究院《我们应如何看待彼此 - 九位韩国记者的中国随笔集》 成功出版!

中韩是搬不走的近邻, 更是分不开的伙伴。建交32年来, 中韩关系发展为两国和两国人民带来了实实在在的利益, 也为地区乃至世界和平稳定与发展繁荣作出巨大贡献。当前, 百年未有之大变局加速演进, 中韩关系也面临一些新的复杂因素。事实充分证明, 无论地区国际形势如何风云变幻, 不断深化中韩友好合作是双方唯一的正确选择。

受各种因素影响, 当前中韩民众之间存在一些沟通不畅和误解误读, 两国友好民意有所下滑。新闻媒体作为获取信息的重要媒介和渠道, 在增进两国人民相互理解和友好感情方面发挥着重要作用, 也肩负着重要责任。本书从韩国媒体人视角探讨中韩应如何看待彼此, 有助于启发两国舆论和广大读者思考如何更好更快地相知、相近、相亲。期待本书为加强中韩媒体交流、促进两国关系发展发挥积极作用。

求同存异, 相向而行。希望中韩双方携手同行, 共创两国关系美好未来, 共续两国人民友谊新篇。

2024年 4月 25日

邢海明 驻韩中国大使

추천사

〈우리는 서로를 어떻게 바라보고 있는가〉 한국언론인 에세이집 발간을 진심으로 축하드린다. 한중 수교 30여 년을 지나오면서 한중 양국의 상호 이해 증진에 양국 언론의 역할이 더 커지고 있다. 양국 언론이 상대국과 상대 국민을 어떻게 인식하느냐는 한중관계를 규정하는데 매우 중요하다. 언론인들은 양국 국민들의 상호 이해 제고와 중장기적 인식 전환에 있어서 막중한 책임감을 담당하고 있다.

이번 책자에 직간접으로 참여하신 양국 언론전문가 분들의 노고에 깊은 감사드린다. 책에는 한중 언론인들이 함께 고민했으면 하는 문제 인식과 해결을 위한 여러 유익한 제언들이 허심탄회하게 담겨있다. 이를 계기로 한중 언론의 소통과 협력의 장이 더욱 공고해지기를 기대한다.

한국기자협회도 한중관계의 안정적인 발전에 미력하나마 기여하고자 노력해오고 있다. 이번 책의 진심 어린 다각적 제언은 우리에게도 좋은 귀감이자 참고가 될 것이다. 협회도 향후 바람직한 한중관계를 만들어가는데 더 적극적인 역할을 하고자 한다.

아울러 이번 책을 기획하신 글로벌전략협력연구원의 황재호 원장님께 감사의 말씀 전한다. 성숙한 양국관계 발전을 위한 언론의 역할과 기여라는 뜻깊은 자리를 마련해주신데 대해서 다시 한번 협회를 대표하여 감사를 드린다.

2024년 4월 25일

박종현 한국기자협회 회장

推荐语

我谨向《我们应如何看待彼此》散文集的出版表示祝贺。中韩建交30多年来，两国媒体在促进相互理解方面发挥了越来越重要的作用。两国媒体如何看待对方国家及其人民，对于界定中韩关系至关重要。从中长期来看，记者在促进相互理解、改变两国人民的看法方面责任重大。

我们对直接或间接为本书做出贡献的两国记者们深表感谢。本书中包含了许多认识和解决问题的有益建议，希望中韩两国记者们能够共同思考。我们希望这将进一步加强中韩两国媒体之间的交流与合作。

韩国新闻协会一直努力为中韩关系的稳定发展做出贡献。本书中诚恳而多元的建议，将为我们提供很好的借鉴和参考。韩国新闻协会愿发挥更加积极的作用，为中韩关系的美好未来添砖加瓦。

我们还要感谢全球战略合作研究院院长黄载皓教授组织编写了这本书。我谨代表协会对他组织这样一次关于媒体对发展成熟的双边关系的作用和贡献的有意义的活动表示感谢。

2024年 4月 25日

朴钟铉 韩国新闻协会会长

Contents

PART 0

PART 1

현장에서 보는 중국과 중국언론

Contents

PART 2

예민하고 부담되는 현안들, 그리고 우리의 인식

PART 3

문제해결을 위한 길을 찾다

Contents

PART 0

PART 1

在一线观察中国和中国媒体

中美之争：作为驻中美记者的心得体会

李宇卓 韩联社高級记者

1. 对如命运般到来的中国和美国的探索
2. 从华盛顿看中国，霸权竞争的内核
3. 改变美中关系中轴的一句话："我们被中国骗了"
4. 中美关系的变化导致了中韩关系的改变
5. 韩中应加强相互联系

埃德加·斯诺和我的北京记者岁月

朴银庆 《京乡新闻》外交安全组组长

1. 埃德加·斯诺和华春莹
2. 我的北京特派员时期
3. 称为海纳百川的蓝厅的意义
4. 别人的理解和合作的扩大
5. 共同的关注点，从共同采访开始吧

三国演义中的中国与我们的烦恼

郑年佑 《亚洲经济新闻》时政部记者

1. 从小学图书馆借来的三国演义
2. 韩中关系陷入僵局
3. 在卢泰愚总统墓地遇到的唯一的中国人
4. 旅游是通过国家间相互信任实现的
5. 现在是向中国伸出橄榄枝的时候了

Contents

PART 2

敏感和难以承受的问题，以及我们的看法

PART 3

寻找解决问题的途径

PART
0

한중언론은 서로를 어떻게 바라보는가?

韩国和中国媒体如何看待彼此？

서론 성격의 이번 챕터는 크게 다섯 파트로 나뉜다. 첫째와 둘째 파트에서는 2023년 한중언론대화에 참여했던 양국 언론인들의 입장과 시각을 각각 요약하였으며 셋째와 넷째 파트에서는 양국 언론인들의 상대국과 상대국 언론에 대한 기대와 제언을, 그리고 마지막 다섯째 파트에서는 본 편집자의 생각을 몇 가지 담아보았다.

황재호
글로벌전략협력연구원 원장

런던정경대(LSE)에서 국제관계학 박사학위를 받았으며, 현재 한국외대 국제학부 교수이며 글로벌전략협력연구원장을 맡고 있다. 캐나다 글로벌연구원(CGAI) 펠로우, 한중일협력사무국 초청학자, 한국국제정치학회 이사를 겸하고 있다. 한국국방연구원 선임연구원, 경남대 극동문제연구소 객원연구위원, 통일연구원 초청연구위원, 미국 브루킹스 연구소, 중국 국제문제연구소, 베이징대, 외교학원, 일본 방위연구소, 게이오대 펠로우 등을 거쳤으며, 청와대 국가안보실, 대통령 직속 정책기획위원회 위원, 외교부, 국방부 서울안보대화, 국회 한중정치경제포럼 자문 교수, 행정안전부 정책자문위원 등을 역임했다. 어렸을 때부터 삼국지연의를 탐독하며 인간관계에서 국제관계로 관심을 넓혔으며, 영웅본색을 보며 중국에 대한 호기심을 더했다. 중국연구자로서 국방연구원에서 중국인민해방군과의 교류를 통해 한중 양국의 싱크탱크 대화의 중요성을 체감하였다. 코로나19가 발발한 2020년 이후에는 글로벌전략협력연구원을 중심으로 한중관계 및 글로벌 지역과의 전략 연구와 교류 협력을 위한 플랫폼 역할을 하고자 노력 중이다. 특히 중국과의 언론, 지방, 청년교류를 적극적으로 추진하고 있다.

伦敦政治经济学院(LSE)获得国际关系学博士学位。目前担任韩国外国语大学国际学部教授、全球战略合作研究院院长。同时还兼任加拿大全球研究院(CGAI)研究员、韩中日合作事务局邀请学者、韩国国际政治学会理事。曾任韩国国防研究院研究员、庆南大学远东问题研究所客座研究员、统一研究院研究院特邀研究员、美国布鲁金斯研究所、中国国际问题研究所院、北京大学、外交学院、日本防卫研究所、庆应义塾大学做访问学者。历任韩国青瓦台国家安保室政策咨询委员、总统直属政策企划委员会委员、外交部、行政安全部、国防部首尔安保对话、国会韩中政治经济论坛咨询教授。从小阅读《三国演义》、从人际关系扩展到国际关系。看到《英雄本色》、更增添了对中国的好奇心。作为中国研究者、通过国防研究院同中国人民解放军的交流、感受到了韩中两国智囊团对话的重要性。疫情爆发的2020年以后、以全球战略合作研究院为中心、为研究韩中关系及与全球地区的战略和交流合作发挥平台作用而努力。特别是积极推进与中国的媒体、地方、青年交流。

1.

한국언론은 중국을 어떻게 바라보는가?

이우탁 연합뉴스 선임기자는 본인의 미국과 중국 특파원 경험에 기초해 미중관계의 변화라는 큰 틀에서 한중관계와 양국 언론관계를 바라보았다. 이 선임기자에 따르면 2003년부터 2006년 중국 상하이 특파원 기간 동안 한중관계는 수교 10년을 지나 그야말로 우호 그 이상으로 숙성해가는 시기였다. 2003년 봄 사스(SARS)가 창궐했음에도 불구하고, 한국인들은 중국을 떠나지 않았으며 노무현 대통령은 2003년 여름 중국을 국빈방문하기도 했다. 한편 2011년 미국 워싱턴 특파원 시절에는 미국의 심장부 워싱턴에서 미국 조야가 중국의 존재를 의식하는 것을 목격하였다. 주요 싱크탱크들은 미국 패권에 도전하려는 중국을 경계해야 한다는 '중국 위험론'을 다루기 시작했다. 2016년 미중관계는 친구보다는 적의 속성을 더 많이 갖는 전략경쟁의 시대로 넘어갔다. 2021년 기준 중국의 GDP는 미국의 80% 수준까지 성장했고, 미국은 중국을 '패권도전국'으로 지목하며 패권경쟁이 치열하였다. 미중관계의 변화는 단순히 양국관계의 양상만 바꾼 것이 아니라 세계질서의 변화, 나아가 한중관계, 북한 핵과 한반도를 흔드는 것이었다. 오늘날 한국사회의 담론으로 부상한 이념과 가치 논쟁도 미중 패권경쟁의 필연적 파장 때문이라고 보았다.

이런 미중관계의 악화는 한국의 외교환경에도 부정적 영향을 미쳤고 한중 양자 관계 또한 갈등이 조성되었다. 중국언론의 한국 관련 부정적 보도가 빈발하였고, 박진범 KBS PD는 중국 언론의 왜곡보도의 대표적 사례로 2020년 10월 12일 영향력이 매우 큰 관방 신문 '환구시보'의 '방탄소년단의 수상소감이 중국팬들의 분노를 일으켰다' 기사를 들었다. 기사는 BTS가 '코리아 소사이어티(The Korea Society)'가 주관한 '밴 플리트 상' 수상 때 '(한미) 양국이 함께 겪은 고난의 역사와 수많은 남녀의 희생을 영원히 기억하겠습니다' 발언을 정치적으로 규정하였다. 박PD는 BTS의 평범하고 의례적인 수상소감을 중국 배제 의도로 둔갑시킨 자체가 문제있다고 지적했는데, 왜냐면 연예인, 스타들은 논란이 되는 사안에서 한 쪽으로 치우칠 경우 나머지 팬들의 이탈을 가져올 수 있음을 너무나 잘 알기에 가급적 중립을 표방하려 하기 때문이다. 오히려 정치적인 의도로 둔갑시키는 것이야말로 정치적이며 이런 자극적인 기사야말로 환구시보의 애국주의를 세일즈하는 것이 아닌가, 이에 반박하는 한측 반응을 노이지 마케팅하는 것이 아닌가 의구심을 들게 한다고 비판했다.

박만원 매일경제 논설위원은 최근 항미원조(抗美援朝) 소재 영화를 한국에 대한 이해 부족 및 배려 부족의 사례로 들었다. 2021년 영화 〈장진호〉로 흥행기록을 세운 뒤, 지난해 〈장진호 수문교〉, 최근 〈지원군 영웅출격〉까지 해마다 6·25전쟁을 소재로 한 영화가 개봉되었는데, 이러한 영화는 역사적 사실에 관한 논란과 함께 한국 내 반중정서를 자극하는 측면이 있다고 보았다. 박 위원은 한국인들이 〈장진호〉같은 영화에 반감을 갖는 이유를 크게 두 가지로 설명했다. 먼저 이러한 영화들은 누가 전쟁의 피해자인지 왜곡하는 경향이 있다. 중국의 역사적 상황을 고려해도, 미국에 대해 부정적인 인식을 투영하는 것에는 이해할 부분이 있으나 한국의 피해까지 당연시하는 것에 대해서는 문제가 있다고 보았다. 남북 분단에 대한 중국의 책임 논쟁을 역사학자들의 몫으로 남겨둔다 할지라도, 중국이 한국인 정서를 존중하지 않고 자국내 애국심을 고취하는 것에 대해 한국인들의 감정이 불편해지는 것은 부인하기 어렵다.

이석우 파이낸셜뉴스 북경지사장은 이처럼 허위조작 정보라고도 불리는 가짜뉴스는 전 세계적인 문제이며 한중관계에 부정적인 영향을 끼지는 요소로 작용하고 있다고 지적했다. 현재 전세계는 SNS를 통한 증오의 확산과 가짜뉴스의 전파 등으로 골치를 앓고 있다. 무책임한 SNS 발신, 혐오 소식과 가짜뉴스 전파 등은 국내적으로는 사회적 갈등을 유발하고, 국제적으로는 상대 국가에 대한 혐오 감정을 높여 국가 간 관계를 저해한다. 그리고 코로나를 거치면서 비대면 사

2023. 10. 25. 글로벌전략협력연구원 한중언론대화 [출처: 글로벌전략협력연구원]

회가 확산되고, 대립적인 국제관계 속에서 극단주의, 확증편향이 강화되고 있다. 이러한 상황에서 한중 양국의 네티즌 및 시민들은 어떻게 양국 관계와 현안을 평가하고 SNS를 통해서 서로 어떻게 조응하고 있는지, 그리고 한중간의 건강한 온라인 소통과 교류는 어떻게 가능할지 논의가 필요하다고 강조했다. 예를 들어, 중국은 민족주의, 애국주의 열풍 속에 누리꾼들이 여러 문화적 유산의 기원 및 절취를 주장하고 있으며, 한국은 황사 문제 같은 환경 오염 문제, 마늘 파동과 동북공정, 문화유산 강탈 논란, 모방 복제 논란, 불법 조업, 양안 및 남중국해 갈등 등 한중 양국 간의 현안 및 관심사에 대해 중국에 강경한 입장을 표출한다고 보았다.

안용현 조선일보 논설위원은 양국 언론의 핵심문제로 양국 언론의 상호 인식을 들었다. 한중수교가 이루어지고 31년이 지났지만 사실 이전 역사를 고려하면 양국은 2000년 이상을 한 번도 멀리 떨어져 있지 않고 교류를 지속해왔다. 그러다 근대화 과정에서 양국 간 단절이 발생하였고, 아직까지도 원조 논쟁처럼 한중 양국 국민이 서로에 대해 추상적인 이해를 바탕으로 오해하는 것들이 많다. 한국이 '강릉 단오'를 유네스코(UNESCO)에서 인정받았을 때 중국 매체는 "단오를 훔쳐갔다, 단오 원조는 중국"이라고 분노했다. 그러나 당시 한국이 인정받은 건 강릉 지역의 특유의 단오 행사였고 한국의 문화로서 단오가 아니었다. '김치 논쟁'도 그렇다. 중국도 드넓은 영토 속에서 같은 음식을 만들더라도 지역마다 차이가 있는 것처럼 동아시아는 유사한 기후와 문화, 원료를 바탕으로 음식을 만들었기 때문에 일정 부분에서 공통점을 가질 수밖에 없다. 그런데 이러한 유사성을 고려하지 않고 원조 문제로 접근하게 되니 서로의 감정선을 건드리고 오해를 유발하고 있다고 분석했다.

중국 현지에서 특파원으로 활동한 언론인들은 양국 사이 취재환경이 근본적 문제일 수 있다고 진단했다. 박은경 경향신문 외교안보팀장은 베이징 특파원(2016년~2021년) 근무 당시 19차 당대회 보도에 있어 한국의 선거 보도와는 사뭇 차이가 있음을 몸소 체험하였다. 한 예로, 코로나19 위기가 발생했을 때 중국의 대응은 상대적으로 안정적임을 집중적으로 보도했다. 중국은 공산당 영도 아래 빠르게 코로나19 위기에서 벗어났지만, "일부 국가의 바이러스 대응이 늦다"는 제목의 사평에서 코로나 피해가 큰 나라들로 일본, 한국, 이란, 이탈리아를 꼽은 뒤 "이 국가들의 예방·통제 조치가 불충분할 수 있다는 우려가 제기된다"(인민일보 2020년 2월 24일자)고 보도하였다. 이는 우한 봉쇄령으로 대표되는 중국식 조치가 최고의 방법이라는 점을 부각시키려는 의도이기도 하지만 한국의 민주주의 체제에 대한 이해가 부족한 데서 온다는 점을 박 팀장은 지적했다.

신정은 한국경제 국제부 기자는 중국 특파원 당시의 몇 경험을 소개했다. 본인의 '중국기업 탐방기'는 20여 개의 중국 기업 방문 시리즈였는데 처음엔 중국 기업 섭외에 난항을 겪기도 하였고, 스파이 취급을 받기도 했다. 한국에서도 신 기자의 작성기사들이 중국기업의 금전적인 지원을 받은 것이 아닌가 의심받기도 하였다. 중국 언론은 상대적으로 국가를 대변하는 측면이 있고, 한국은 오히려 국가에 대한 비판적인 입장이 강한 측면이 있다는 점을 고려할 때, 서로 다른 언론 환경이 조성되어 있음을 간과해서는 안된다고 강조하였다.

이승호 중앙일보 기자는 항저우 아시안게임 배드민턴 경기의 경우 한중 언론 보도에 여전히 문제점이 있지만 아주 비관적으로만 볼 필요는 없다고 말했다. 배드민턴 여자 단체전 결승에서 마지막 한국 대표로 나선 김가은 선수가 중국의 허빙자오 선수에게 승리하며 금메달을 확정했다. 이후 중국 온라인에서 게임 직후 두 선수의 표정을 편집한 영상이 확산되었는데 허 선수가 김 선수에게 패한 뒤 천장을 바라보며 허탈한 표정을 지었고 김 선수가 이를 흉내 내며 조롱했다는 것이다. 중국 언론에선 논란의 영상을 다룬 보도를 쏟아냈으며 일부 중국 네티즌은 김 선수의 SNS에 찾아가 비방과 욕설을 했지만 당시 김 선수는 허 선수를 보지 못했고, 대표팀 코치와 대화하는 과정에서 영상이 찍힌 것이었다. 문제는 이러한 검증되지 않은 보도가 한중 간 부정적 갈등 상황을 확산시킬 수 있다는 점이었다. 이 기자는 그럼에도 이번 항저우 아시안게임 상황에선 과거와는 달리 중국 언론의 한국 관련 보도가 상대적으로 중립적이었으며 일부 중국 네티즌들의 부정적 반응이 계속되었지만 중국 언론도 김 선수의 해명을 지속적으로 보도한 점에 주목하였다.

2.

중국언론은 한국을 어떻게 바라보는가?

2023년 한중언론대화에 참석한 중측 패널들은 중국 입장에서 문제가 있다고 생각되는 한 측 보도들에 대해 기탄없이 본인들의 생각을 내보였다. 장위에 인민일보 특파원의 경우 검증과 확인을 거치지 않은 보도는 양국 관계뿐만 아니라 한국 국내적으로도 중국에 부정적인 이미지를 가지게 한다고 발언했다. 2022년 8월 한국 신문의 사회면에 굉장히 당황스러운 기사가 있었는데, 그것은 일산에 거주하는 한 소비자가 깻잎 절임을 먹다 담배 꽁초가 나왔다는 내용이었다. 당시 담배 꽁초의 출처가 불분명한 상황에서 대다수의 한국 언론은 그것을 중국 것이라 보도했다. 그런데 이후에 그것이 사실이 아니라는 것이 밝혀졌다. 또한 2023년 8월 한국 언론에서는 중국 내 독립운동유적이 폐쇄되었다는 보도가 있었다.

2023. 10. 25. 글로벌전략협력연구원 한중언론대화 [출처: 글로벌전략협력연구원]

보통 언론 소비자들은 제목에 집중하고, 내용을 깊게 살펴보지 않는 측면이 있다. 이런 식의 제목만 보면 중국 정부가 정치적인 목적으로 독립운동 관련 유적을 폐쇄한 것으로 이해할 수 있다. 그러나 실상은 중국 외교부와 한국 영사처가 사전에 소통을 하였고, 절차에 따라 진행되었다고 소개했다.

양밍 경제일보 특파원은 경제 뉴스와 관련해 과거에는 주로 한국 기업이 중국기업과 어떻게 협력할 것인가, 중국 시장에 어떻게 진출할 것인가 등 한중 경제 협력의 중요성에 초점을 맞추는 보도가 많았다고 분석했다. 그러나 현재는 어떻게 중국에 대한 의존에서 벗어날 것인가, 중국 경제로 인한 부정적 영향은 무엇인가에 보다 초점을 맞추고 있다고 비교했다. 즉, 중국 경제로 인한 부정적 영향에 대해 보도하는 것이 기조를 이루고 있다. 물론 양국 경제관계는 시간이 지남에 따라 변화하고 있으나, 만약 한국 언론이 현재와 같은 부정적인 기조를 기반으로 한 보도를 이어간다면 일반 국민들에게 한중 경제 협력에 대한 잘못된 인식을 심어줄 수 있고, 이는 위험한 변화를 초래할 수 있다고 우려하였다.

셰연 과기일보 특파원은 한국 언론의 문제점으로 다른 서방매체의 내용을 그대로 인용하는 점을 들었다. Naver나 Google에서 중국의 거시경제와 관련된 키워드를 입력하면, 대부분의 결과에서 데이터 설명과 의견 논쟁 부분에서 블룸버그, CNBC, Financial Times 등의 유럽과 미국 언론 인용이 집중되어 있는데 이 또한 중국 관련 부정적인 기사들로 채워져 있다. 2023년 8월 20일 월스트리트 저널은 "중국의 경제 성장이 끝에 달했다"고 보도했고 한국 언론들은 이를 그대로 인용하였다. 그런데 사실 삼성전자는 중국 시안 반도체 공장 NAND 생산 라인을 업그레이드했고, SK이노베이션은 중국에서 동력 전지 공장을 확장하고 의료 및 건강 분야에 투자를 늘렸다. 포스코와 허베이강철의 협력은 계속해서 발전되고 있으며 현재 중국의 여러 신에너지 기업과의 새로운 협력 관계를 구축했다. 이처럼 한중 양국간 기업 협력과 경제 협력이 강화되고 있음에도 불구하고, 한국 언론은 이를 적극적으로 보도하지 않고 있다고 지적했다.

리우쉬 중국신문사 특파원은 코로나 기간 동안 한국 언론은 중국인들이 중국 백신에 대한 불신으로 인해 홍콩 및 마카오 지역에 가서 백신을 접종받고 있다는 보도와 더불어 중국이 전 세계 백신 공급에 '부정적 느낌'을 주는 보도를 많이 했다고 말했다. 한편, 2023년

1월 한국이 국내에 입국하는 중국인을 대상으로 별도의 방역을 시행한 것에 대해 중국 언론에서 강한 논조로 다루었던 일도 있었다. 이런 원인에는 한중이 양국이 국경을 맞대고 있는 인접국이기 때문에 굉장히 사소한 부분에서부터 오해가 발생하기 쉬운 환경이란 점에 주목했다. 만약 한중이 지리적으로 멀었다면 오히려 상대에 대한 호기심, 포용력이 강했을지도 모른다는 생각을 밝혔다.

왕강 법치일보 특파원은 한중 모두 같은 문제에 대해서도 각자의 입장이 존재하기 때문에 관점의 차이로 인해 이견을 가지는 것은 자연스러운 일이라는 입장을 보였다. 단 중요하게 생각해야 할 것은 양국 국민 간 갈등이 발생하게 된 근본적인 원인을 찾아야 한다는 데 있다. 과연 이러한 문제가 자국의 이익을 위해서인지, 특정인(층) 혹 언론사의 이익을 위해서인지 아니면 독자들을 위해서인지 구분해야 한다고 강조했다.

루레이 신화사 특파원의 경우 현재 양국 간 호감도 감소 원인을 MZ세대에서 설명하고자 했다. 한중 양국의 MZ세대가 인터넷을 통해서 방대한 정보를 접하게 되고, 이를 통해 상대방 국가에 대한 인식에 잘못된 오해를 하게 된다는 것이다. 일부 네티즌은 깊이 있는 토론이나 교류를 하지도 않으며 감정적인 의견 표출을 통해 갈등만 부추긴다. 경제 관련 보도를 보면 한국 언론에서 중국의 경제성장이 이제 최대치에 달했고, 앞으로 내려갈 일만 남았다는 어조의 'China Peak'라는 표현을 굉장히 많이 사용하고 있다고 부연했다.

김지현 봉황TV 특파원은 중국 언론에서 활동하는 한국인 기자로서, 양국 간의 일상 소통과 상호 이해를 강화하는 방법에 큰 관심을 가지고 있다고 말했다. 디지털 시대에는 언론 보도가 사람들의 감정에 미치는 영향이 상당히 크다. 중국 관련 사실이 확인되지 않았거나 상대방이 관련 내용을 발표하지 않은 상황에서 일부 한국 언론은 추측 내용을 보도한다. 예를 들어 중국발 안개, 식품 위생, 중국 최고 지도자의 한국 방문 등이 있다. 이러한 보도는 한국 국민들에게 중국에 대한 부정적인 인상을 심어줄 수 있다는 점을 환기했다.

3.

한국언론은 중국을 어떻게 바라보아야 하는가?

앞에서 양국 언론인들의 현재 상대국가의 이미지와 상대국 언론 보도의 문제점들과 관련해 솔직한 인식을 함께 공유했다면, 여기에서부터는 양국 언론인들이 향후 상대국 언론들이 나아갔으면 하는 방향과 원칙 등 제언 내용들을 중심으로 정리해 보았다.

이우탁 연합뉴스 선임기자는 한중 언론인의 기본 자세로 구동존이(求同存異)를 가장 먼저 들었다. 한중관계는 앞으로도 더 큰 틀인 미중관계의 흐름과 직접 연결될 것이며 한국이 한미 동맹에 의존하는 것은 중국의 입장에서도 이해하는 부분이 충분히 있다고 보았다. 그럼에도 한중이 미중관계처럼 대립적으로 가서는 안 되며, 경제교류는 물론이고 현재 체류중인 중국 내 한국인, 한국 내 중국인의 존재를 소중하게 여기고 잘 활용해야 하며, 그 과정에서 언론의 역할이 매우 중요하다는 점을 강조했다. 공동의 관심사, 서로 우호적으로 접근할 수 있는 이슈를 부각하고 언론 공동취재 활성화 방안도 고민해야 한다고 주문했다.

유지영 서울신문 기자는 한중 언론이 상대국의 역사와 문화적 감수성을 상호 존중해야 한다고 말했다. 중국은 수천 년간 동아시아 문명의 중심이었고 중국의 문물과 제도, 문화는 주변국에 지대한 영향을 주었음을 부인할 수 없다. 이를 감안할 때 중국의 문화가 한반도로 유입돼 한국문화의 새로운 탄생이나 진화에 영향을 주었을 가능성이 많다. 그러나 '중국적 요소가 조금이라도 들어가면 다 우리 것'이라는 일부 중국 언론의 태도는 보편성과 공감을 얻기 어려우므로 중국 언론도 이 부분을 좀 더 사려 깊게 다루기를 희망했다. 물론 이는 한국 언론에도 해당된다는 점을 환기하였다.

안용현 조선일보 논설위원은 향후 양국의 관계 개선을 위해서는 불필요한 원조 논쟁을 서로 자제하는 것이 중요하다고 강조했다. 사실 역사적으로나 국제관계적으로 국경을 맞대고 있는 국가들끼리 사이가 좋은 경우는 드물다. 인접국 사이의 관계에는 필연적으로 영토, 역사 문제가 얽혀 있으며 그렇기 때문에 국익의 관점에서 치열하게 다투는 것은 이웃 국가의 숙명이다. 다만 원조 논란과 같이 중요하지 않은 문제를 두고 양국이 다투는 것은 소모적일 뿐만 아니라 바람직하지 못하다는 점을 재강조하였다.

양국 언론의 소통 필요성은 여러 필자들에 의해서 확인되었다. 박진범 PD는 양국 언론과 관련한 문제는 일부 인터넷 언론들의 자극적인 기사들이 생성되고 유통되는 것에서 비롯되고 있다고 비판했다. 이러한 보도의 가장 큰 문제는 국민들의 여론을 자신들이 생각하는 방향으로 왜곡하고, 그 결과 양국 국민/민족 정서를 부추겨서 대립적 구도로 만들어간다는 점이다. 사실 언론 보도라는 것은 자국의 이익을 대변하는 것이 일반적이고, 한중 양국이 서로 다른 언론관, 언론 환경, 언론의 가치에 차이로 인해 상대적일 수밖에 없다. 이러한 과정이 반복되면 양국 국민 사이에 오랜 우호정서를 약화시키고, 때로는 더 큰 긴장관계를 조성할 수 있다고 경계했다.

양국 언론의 보도 특성도 이해되어야 한다. 박은경 경향신문 외교안보팀장은 먼저 양국 언론이 상호 존중에 기반한 보도를 하기 위해서는 상대에 대한 이해가 전제되어야 한다고 강조했다. 물론 한중 양국 언론의 역할과 임무는 서로 다르다. 결국 한국과 중국의 보도를 보면 한중관계, 여론 등 고려되어야 하는 부분도 있지만, 상호 정치사회체계의 차이에 대한 이해가 있어야만 정확하고 공정한 보도가 가능하다는 점을 확인하였다.

이승호 중앙일보 기자의 경우 양국 MZ세대들이 서로에 대해 가지고 있는 부정적인 시각을 해소해야 한다는 점을 강조했다. 동시 한중 양국은 서로를 부정적으로 바라보는 시선도 존재하지만 MZ세대들을 중심으로 양국 문화를 선호하는 측면도 분명히 존재한다고 부연했다. 한국에서는 탕후루, 마라탕, 푸바오가 인기가 많으며 중국에서는 항저우 아시안게임에서 E-Sports 분야의 페이커 선수에 대해 엄

청난 관심을 가지고 있다. 이처럼 한중 양국이 서로에 대한 부정적인 인식을 불식시킬 수 있다면 서로 긴밀한 관계를 맺을 수 있을 것이라는 시각을 더했다.

신정은 한국경제 기자는 양국 언론의 가교역할 강화를 주문했다. 네티즌들 사이에서 극소수의 극단적인 사람들의 입장이 많이 부각되고 있다는 점을 고려할 때 실제와는 괴리가 있다. 언론이 양국의 협력사례를 소개하고 정보를 제공해 양국 국민들이 서로를 이해하는 데 도움을 줄 수 있어야 한다고 재차 주문했다.

박만원 매일경제 논설위원도 양국 언론은 서로의 감정과 입장을 고려하여 불필요한 자극을 하지 않아야 한다고 강조했다. 매스미디어(mass media)라는 범주에서 영화도 언론만큼이나 일반 대중에게 큰 영향력을 끼치고 있다. 잘못 전달하는 소재나 내용이 양국 국민들에게 오해를 사지 않도록 상대 문화와 정서에 대한 배려가 있어야 함에 방점을 찍었다.

정연우 아주경제 기자의 경우 언론이 그 나라의 국민을 대표하는 소통 창구이며 국민의 목소리를 대변하는 중요한 기능을 가진다고 평가했다. 특히 언론의 노력과는 별개로 양국 정부가 전략적 소통과 협력을 강화해 양국 언론이 좀 더 객관적 보도를 할 수 있는 환경과 인프라를 제공해야 할 것이라고 주장했다.

이석우 파이낸셜뉴스 북경지사장은 한중 양국은 정부 차원에서 국가 간의 건강한 인터넷 환경과 교류 환경을 만들어 나가기 위해 필요한 세부적 노력을 구체적으로 제시했다. SNS 속의 민족주의와 혐한 및 반중, 상호비방 및 근거 없는 가짜뉴스 확산에 대한 경계와 대응을 바탕으로 상호 협력이 이뤄져야 할 필요가 있다. 즉 한중 양국이 서로에 대해 우호적인 감정을 유지하고, 보다 긴밀한 관계로 발전하기 위해서는 건강한 미디어 환경조성과 활용을 통한 한중 이해와 협력 증진이 필수적이다. 이를 위해서는 국가별 거짓 허위 조작정보 등 가짜뉴스의 자정 노력과 시스템 구축, 허위조작정보 예방 교육 등 관련 사업의 확산 및 구축이 필요하며 이를 바탕으로 건강한 인터넷 환경을 조성하도록 노력해야 한다. 또한 기존 언론사들 간의 협력 및 소통 강화를 통해 허위조작정보 대응 및 공동 노력을 확대하고, 관련 단체 및 NGO 조직들 간 협력도 필요하다. 마지막으로 시민들을 대상으로 하는 미디어 리터러시(media literacy) 교육의 확산과 더불어 포털과 인터넷 기업들의 자정 노력도 병행되어야 한다고 제안했다.

4.

중국언론은 한국을 어떻게 바라보아야 하는가?

중측 언론인들의 제언도 한측 언론인들의 그것과 많은 점에서 유사하였다. 루레이 신화사 특파원은 양국 언론의 기본 자세로 실사구시(實事求是)의 태도를 언급했고 일반 대중들이 올바른 판단을 할 수 있도록 언론이 기여해야 한다고 말했다. 네트워크 기반의 자체 미디어가 발달하고 각종 정보가 진위여부를 판단하기 어려운 상황에서 한중 양국의 언론인들은 전문성을 중시해야 할 것이다. 양국 관계와 상대 국가에 대한 보도에서 신중한 태도를 유지해야 하며 사실에 기반 객관적이고 침착하게 사실을 판별할 수 있도록 해야 한다. 상대방의 핵심 이슈를 존중하고 상호 존중 마음으로 개선해 나가야 한다고 강조했다.

김지현 봉황 TV 특파원은 상대방의 제도와 문화를 존중할 필요가 있다고 강조했다. 디지털 시대에 언론 보도는 사람들의 정서적인 면에 굉장히 많은 영향을 끼친다. 한국의 일부 언론들이 부정적인 소문이나 가짜뉴스를 내보내는 경향이 있는데 두 나라의 언론이 뉴스를 보도할 때는 추측적인 보도에 주의해야 하며 사실을 기반으로 보도해야 할 것이라고 말했다.

왕강 법치일보 특파원은 양국 언론이 해야 할 일로 가짜뉴스에 대한 철저한 검증을 가장 먼저 들었다. 한중 언론이 기사를 작성하고 이를 보도할 때, 서로에게 중요한 파트너라는 인식을 바탕으로 상대국의 우려 사항을 배려하고, 민감한 문제에 대해 보도하는데 보다 신중한 태도가 필요하다. 민간 언론사가 영리를 목적으로 하는 것도 중요하나 과도하게 자극적인 보도를 경쟁적으로 하는 것은 양국 간에 부정적인 인식을 심어줄 수 있음을 경계했다.

양밍 경제일보 특파원은 서로의 정서적 관계 개선 노력이 전제되어야 한다고 말했다. 최근 한중 양국 간 잘못된 보도는 1인 미디어를 중심으로 온라인 상에 빠르게 퍼지는 가짜뉴스가 큰 비중을 차지한다. 양국 언론들은 양 국민들 간 민족적 반감이나 포퓰리즘에 기반한 적대심을 부추기는 보도를 해서는 안 된다. 앞으로 양국간 외교안보, 경제, 문화 관계의 발전을 위해 언론이 먼저 공정하고, 정확한 보도를 해야 한다. 또한 부정적인 내용보다는 긍정적인 내용에 대해 보도하는 것에 힘써야 하며 미래지향적인 관점에서 책임감 있는 태도가 필요하다고 강조했다.

셰옌 과기일보 특파원은 한국 국내에서는 유럽과 미국 언론이 객

2023. 10. 25. 글로벌전략협력연구원 한중언론대화 [출처: 글로벌전략협력연구원]

관적이고 공정하다고 생각하는 경우가 많은데 중국의 언론문화도 존중하기를 희망했다. 중국 정부의 공개 데이터 및 중국 전문가의 의견을 신뢰했으면, 현재 정보를 있는 그대로 심도 있는 보도를 했으면 기대했다. 예로, 공급망 및 산업 연결 영역에서의 완전한 분리는 현실적이지 않기에 마찬가지로 매체 보도도 균형감 있게 이뤄져야 한다고 말했다.

장위에 인민일보 특파원은 중국에 대한 객관적이고 포괄적인 정보 제공과 관련해 제언했다. 현재 과학기술의 발전으로 인해 번역 소프트웨어가 상당히 발달해 있다는 점을 고려하면 양국 기자들이 서로의 미디어의 보도를 더 많이 읽고, 다양한 출처를 통해 정보를 얻을 수 있을 것이다. 또한 한국 언론에서 중국에 대한 실제 연구 경험이 있는 전문가들을 더 많이 인터뷰해야 할 것이라 덧붙였다.

리우쉬 중국신문사 특파원은 온라인을 중심으로 한 가짜뉴스가 퍼지지 않도록 양국 언론 모두 정확하고, 면밀한 보도를 해야 한다고 강조했다. 이러한 이슈들에 대해 언론이 어떤 내용을 어떤 방식으로 보도하느냐, 어떤 관점을 가지는가에 따라 양국 국민들의 우호관계에 끼치는 효과가 다르다. 또한 한중 양국 간의 우호적 감정을 강화하기 위해서는 상대적으로 소프트한 이슈를 중심으로 다루면서 서로의 이해를 증진시키는 작업이 중요하다. 서로의 경험과 기억을 공유하고 서로에 대한 우호적인 감정을 작은 부분부터 높일 수 있는 주제들을 가지고 긍정적인 보도를 하는 것이 필요하다. 한국에서 팬더 푸바오를 정성스럽게 대해 중국 내에서도 호감이 높아진 것처럼 양국이 서로에게 호감을 증진시킬 수 있는 주제를 자주 보도할 필요가 있다고 말했다.

5.

양국관계에 있어 언론의 역할과 기여는 무엇인가?

한중관계는 탈냉전 시기 전세계적으로 가장 중요한 양자관계 중의 하나이다. 1992년 수교 이후 양국은 모든 분야에서 전면적 협력을 해왔으며 현재 전략적 협력동반자관계이다. 그러나 2022년 윤석열 정부의 등장 이후 국제, 지역 안보 환경의 급변으로 인해 한국은 중국에게 '상호존중' 관계의 수립을 요구하고 있다.

중국에는 '신창타이(新常態)'란 말이 있다. 즉 성장률 목표는 낮춰 잡되 지속해서 성장을 담보할 수 있도록 성장 패러다임을 전환하는 것을 말한다. 필자는 이를 외교적으로 '서로 감당할 수 없는 기대는 낮춰 잡되 지속 발전을 담보할 수 있는 관계로의 전환'이라고 정의한다. 신형한중관계(新型韩中关系)란 외교적 신창타이에 의거, 가능한 양국 협력을 한 걸음씩 나아가는 관계이다. 공동의 이익을 추구하되 차이점은 다음으로 미루는 구동존이(求同存異)가 아닌 차이점도 해소해 나가는 구동화이(求同化異)적 관계이다. 갈등과 오해가 발생해도 대화와 소통으로 해소 가능한 관계이다.

한중관계의 발전은 항상 순조롭지만은 않았으며, 양국관계에 부침이 있어왔다. 양국 국민들 간의 호감도도 상승과 하락이 있어왔는데 이런 부침에는 언론도 일정한 책임을 가진다. 자국 국민들에게 상대국가와 국민들을 어떻게 바라보게 할지, 양국 국민들 간의 심리적 거리를 줄이고 오해를 줄여 나가는데 언론의 분명한 영역과 기여가 있다. 때문에 향후 신형한중관계 수립에 있어서도 언론의 일정한 역할이 있다.

양국관계의 복합화에 따라 언론도 융복합적 대응 및 단기적, 중장기적 접근이 필요하다. 제언을 넘어 실천이 가능하다면 양국은 진정한 의미에서의 상호존중적 동반자관계를 실천할 수 있을 것이다. 당장에 양국 관계의 미래에 도움이 되고, 양국 관계에 덜 예민한 주제들을 단독 보도나 공동 취재로 실행해보면 좋을 것이다.

먼저 경제 분야에서 양국의 4차 산업혁명, 에너지, 빅데이터, 기후변화, 녹색경제, 환경문제, 합리적 공급망 협력모델 등이 있다. 인구문제, 육아 및 여성의 일자리 같은 문제들도 양국 모두에게 공감대를 이룰 수 있다.

양국 언론사가 정기적으로 양국의 미담과 굿 뉴스를 소개했으면 한다. 서해 불법조업과 관련해 양국의 어민과 관계자들을 서로 초청해 이해 폭을 넓혀간다. 양국의 지방소식과 지방교류와 관련한 뉴스를 소개한다. 중앙정부 간에는 국내외 상황에 예민할 수 있으나 지방은 예민함을 돌아갈 수 있다. 지방은 이제 중앙을 측면 지원하고 새로운 협력모델을 제시하고 내용을 심화시킬 수 있다.

청년 분야에서는 양국 청년의 고민 공감 시리즈, MZ세대 행동 패턴과 인식, 한중 청년문화의 인식과 실제 등을 다루면 좋을 것이다. 혐한이나 반중 정서는 양국 네티즌 사이에서 빈발하고 있는데, 특히 상대국에 유학중인 학생들의 서운함에서 비롯되는 경우가 많은 만큼, 한국 내 중국 유학생, 중국 내 한국 유학생들과 관련한 취재를 한다. 양국에는 젊은 인플런서들이 많으며 이들의 선한 영향력을 활용할 수 있다. 이들의 상호 먹방이나 현지 방문을 주선해 상대 도시, 음식, 문화, 인심을 소개해도 좋다.

가짜뉴스를 완전히 해소하는 것은 현실적으로 불가능하다. 그럼에도 피해를 최소화하는 노력은 있어야 한다. 무엇보다도 대형 포탈과 인터넷 기업들이 가짜뉴스를 자주 다수 생산하는 개인이나 사업체에 대해 제재와 차단 등의 노력을 할 수 있어야 한다. 나아가 인공지능을 활용한 언론 보도와 관련 협력도 생각해 볼 수 있다. 정부와 관련 기관들에서 일정한 역할을 할 수 있다.

양국 언론 간 인적 네트워크를 강화해야 한다. 교류의 다양화와 다변화가 필요하다. 양국의 새로운 언론매체들은 1인 매체이거나 온라인 매체가 다수인데 특성상 주관적 인식 개입 여지가 큰 만큼 양국은 이들의 교류 기회도 많이 만들어야 한다. 더해 매년 양국 언론

2023. 10. 25. 글로벌전략협력연구원 한중언론대화 [출처: 글로벌전략협력연구원]

백서를 발간한다. 상대국 대학신문 기자단들을 초청한다.

결론적으로 한중 언론이 비슷한 눈높이에서 서로를 바라보면 좋을 것이다. 양국 언론이 공감대를 넓혀 나가며 최소한의 긍정적 메시지를 발신할 수 있다면, 오해를 최소화할 수 있다면, 양국이 선순환적 관계 발전을 위해 여러 시도를 할 수 있다면, 양국이 전략적 협력동반자관계의 튼튼한 인프라를 만들어 나가는데 의미 있는 기여를 할 수 있을 것이다.

韩国和中国媒体如何看待彼此？

黄载皓 全球战略合作研究院院长

本章分为五个部分。第一和第二部分分别总结了参加 2023 年中韩媒体对话的两国记者的立场和观点；第三和第四部分讨论了他们对对方国家及其媒体的期望和建议；最后的第五部分是编者的一些想法。

1. 韩国媒体如何看待中国？

韩联社高級记者李宇卓以自己在美国和中国担任特派记者的经历为基础，从中美关系变化的背景下审视中韩两国和两国媒体的关系。2003年至2006年，他在中国上海担任常驻记者期间，韩中两国已建立外交关系超过10年，关系日趋成熟，超越了友谊。尽管2003年春天爆发了非典，但韩国人并没有离开中国，卢武铉总统还在2003國際部年夏天对中国进行了国事访问。此后，他在 2011 年担任了驻华盛顿记者，期间目睹了中国在美国中心地带日益增长的存在感。各大智库开始讨论“中国威胁论”，即美国应警惕一个试图挑战美国霸权的中国。2016 年，中美关系进入战略竞争时代，中国的对手属性超过了朋友属性。到 2021 年，中国的国内生产总值已增长到美国的80%，美国正与中国展开霸权竞争，并将中国称为“大国”。中美关系的变化不仅改变了双边关系的格局，也动摇了世界秩序、韩中关系、朝鲜核计划和朝鲜半岛。当今韩国社会话语中出现的意识形态和价值观争论也被视为中美霸权竞争的必然结果。

中美关系的恶化对韩国的外交环境产生了负面影响，并造成了中韩双边关系的紧张。因此，中国媒体对韩国的负面报道频频出现。KBS编导朴晋范举例说，2020 年 10 月 12 日，影响力很大的半官方报纸《环球时报》发表了一篇题为《BTS（防弹少年团）的获奖感言引发中国粉丝愤怒》的文章，将BTS在获得美国“韩国社交协会(The Korea Society)”主办的“范弗里特奖”时发表的“将永远铭记(韩美)两国共同经历的苦难历史和众多男女的牺牲”的感言定义为政治性发言。他指出,将BTS平凡而礼仪性的获奖感言伪装成排斥中国的企图是有问题的，因为如果艺人、明星们在引起争议的事件上采取偏向一方的姿态，有可能会引起粉丝的脱离，所以会尽量标榜中立。这不禁让人怀疑，将其伪装成有政治意图是一种政治行为, 是在用这种刺激性的报道推销《环球时报》的爱国主义, 并利用韩方对此的反驳进行噪音营销。

《每日经济新闻》的评论员朴满元补充道, 当前的抗美援朝的电影是缺乏对韩国的理解和考虑的一个例子。继2021 年的《長津湖》创下票房纪录后, 去年的《水门桥》和最近的《志愿军: 雄兵出击》等以朝鲜战争为题材的电影每年都在上映。然而, 这些电影以及对历史事实的争议在韩国刺激了反华情绪。韩国人反对像《長津湖》这样的电影有两个原因。首先, 这些电影往往歪曲了谁是战争的受害者。鉴于中国的历史状况, 对美国的负面看法是可以理解的, 但将韩国的受害视为理所当然则是有问题的。其次, 即使我们把中国对朝韩分裂的责任问题留给历史学家去争论, 也很难不对中国政府忽视韩国人的情绪和在国内过度宣扬爱国主义的做法感到不舒服。

《韩国财经新闻》记者李锡遇说, 假新闻 (也称虚假和被操纵的信息) 是一个全球性问题, 也是中韩关系中的一个负面因素。目前, 仇恨和假新闻通过社交媒体传播, 困扰着全世界。不负责任的社交媒体帖子、负面报道和假新闻的传播, 在国内会引发社会矛盾, 在国际上会增加对其他国家的反感情绪, 阻碍国与国之间的关系。而且经历新冠疫情之后, 非面对面的社交方式扩散开来, 在对立的国际关系趋势中, 极端主义、固有偏见正在加强。在这种情况下, 有必要讨论中韩两国网民和公民如何评价双边关系和亟待解决的问题, 如何通过社交媒体进行互动, 以及中韩两国之间是否可能进行健康的网络沟通和交流。例如, 在中国, 在民族主义爱国狂潮中,网民们主张各种文化遗产的起源并谴责剽窃；而在韩国，网民则在沙尘等环境污染问题、大蒜风波、东北进程、文化遗产争议、造假争议、非法捕鱼、两岸和南海冲突等问题上对中国采取强硬立场。

《朝鲜日报》评论员安勇炫认为，两国媒体的核心问题是相互认知的差异。中韩建交至今已有 31 年，但实际上，从以往的历史来看，两国两千多年来从未远离过对方。然而在现代化进程中，两国之间出现了脱节，基于对彼此抽象理解的误解仍然很多，最典型的例子就是起源争论。当韩国江陵端午节被联合国教科文组织认可时，中国媒体愤怒地表示："韩国偷走了端午节，中国才是端午节的鼻祖。"然而，韩国认可的是江陵独特的端午节活动，而不是端午节作为韩国独特文化的理念。 泡菜之争也是如此。正如中国幅员辽阔，同一种食物也有地区差异一样，东亚地区的气候、文化和食材相似，因此必然存在一些共性。然而，在处理鼻祖问题时不考虑这些相同点，就会造成误解，越过感情的底线。

曾在中国当地作为常驻记者开展过报道的记者们注意到了两国报道环境的根本差异。韩国《京乡新闻》外交安全组组长朴银庆曾在2016-2021年担任驻北京记者，亲身感受了中国共产党十九大报道与韩国选举报道的差异。例如，在新冠疫情期间，该报重点报道了中国防疫形势的稳定。虽然中国在共产党的领导下迅速摆脱了新冠疫情危机，但在一篇题为《一些国家应对病毒的措施姗姗来迟》的评论文章中，文章将日本、韩国、伊朗和意大利列为新冠病毒的重灾区，并报道称"人们担心这些国家的防控措施可能不够充分”(《人民日报》, 2020年2月24日)。虽然这意在强调以武汉封锁为代表的中国式措施是最佳方法, 但也反映出对韩国民主制度的理解不足。

《韩国经济新闻》记者申祯恩分享了她担任驻华记者的一些经历。她的《中国企业访谈录》是访问20多个中国企业的系列报道, 首次涉足中国企业时遇到很多困难,还曾被当作间谍。而在韩国, 她则被怀疑接受了中国企业的金钱贿赂。她强调, 不同的媒体环境不容忽视, 因为中国媒体相对更能代表国家, 而韩国媒体则更多对国家持批评立场。

《中央日报》记者李丞浩表示, 虽然杭州亚运会两国羽毛球项目的媒体报道存在问题, 但也不必如此悲观。在羽毛球女子团体决赛中, 最后出场的韩国选手金佳恩击败中国选手何冰娇, 夺得金牌。赛后, 一段经过剪辑的两位选手赛后表情的视频在中国网上疯传, 视频中何冰娇输给金佳恩后垂头丧气地望着天花板, 而金佳恩则模仿这一表情并嘲笑她。中国媒体报道了这段备受争议的视频, 一些中国网民跑到金佳恩的社交媒体账号上诽谤和谩骂她, 但金佳恩当时并没有看到何冰娇, 视频是她与国家队教练交谈时拍摄的。问题在于, 这些未经核实的报道会在中韩两国之间传播负面冲突。但与以往不同的是, 中国媒体在杭州亚运会上对韩国的报道相对中立。尽管一些中国网民继续做出负面反应, 但中国媒体持续报道了金佳恩对当时情况的解释。

2. 中国媒体如何看待韩国？

中方参会成员开诚布公地表明了他们对部分从中方角度来看存在问题的韩方报道的看法。《人民日报》记者张悦称，未经核实和查证的报道给中国带来了负面形象，不仅在双边关系中如此，在韩国国内也是如此。2022 年 8 月，韩国一家报纸的社会版刊登了一篇非常令人尴尬的文章，称首尔北部一山市的一位消费者吃了芝麻叶后发现了一个烟头。当时，烟头的来源并不清楚，大多数韩国媒体都报道说是中国的。但后来发现事实并非如此。另外，2023 年 8 月，韩国媒体报道称，中国的一处独立运动历史遗址被关闭。传媒消费者往往只关注标题，而不深入研究内容。这样的标题可能会让你误以为中国政府出于政治目的关闭了与独立运动相关的遗址。但实际上，中国外交部和韩国领事馆事先进行了沟通，并按程序进行了处理。

在经济新闻方面，《经济日报》记者杨明表示，韩国几年前的报道多侧重于双边经济合作的重要性，如韩国企业如何与中国企业合作、如何进入中国市场等，但现在的报道更偏重于如何摆脱对中国的依赖，或中国经济的负面影响有哪些。换句话说，报道中国经济的负面影响已成为常态。当然，随着时间的推移，两国的经济关系已在发生变化，但如果韩国媒体继续以目前的负面基调进行报道，可能会让普通民众对中韩经济合作产生错误的认识，这可能是一个危险的转变。

《科技日报》记者薛严指出，韩国媒体的问题在于它们经常单纯引用他国媒体的报道。如果在 Naver 或 Google 上搜索与中国宏观经济相关的关键词，大部分结果都是引用彭博社、CNBC 和《金融时报》等欧美媒体的数据说明和观点文章。而且，这些媒体关于中国的文章大多是负面的。2023 年 8 月 20 日，《华尔街日报》报道称"中国经济增长已走到尽头"，韩国媒体也逐字逐句地引用了这一报道。然而，三星电子升级了西安半导体工厂的 NAND 生产线，SK Innovation 扩建了在中国的动力电池工厂，并增加了在医疗和健康领域的投资。浦项制铁与河北钢铁的合作继续发展，目前已与中国多家新能源公司建立了新的合作关系。他说，尽管两国之间的企业和经济合作不断加强，但韩国媒体并没有对此进行积极报道。

中国新闻社记者刘旭说，在新冠疫情期间，韩国媒体报道说，由于对中国疫苗的不信任，中国人前往香港和澳门接种疫苗，对中国在向世界供应疫苗方面所起作用的报道内容也不准确。2023 年 1 月，韩国对入境的中国公民实施单独检疫，这遭到了中国媒体的强烈批评。这是因为中韩两国是接壤的邻国，很容易在细枝末节上产生误会。如果中韩两国在地理位置上没有距离，也许会更加包容，对彼此更加好奇。

《法治日报》记者王刚说，中韩两国在同一问题上各有立场，因观点不同而产生分歧是正常的。但重要的是找出两国冲突的根本原因。他强调，重要的是要区分这些问题是为了国家的利益，还是为了某个阶层的利益，是为了媒体机构的利益，还是为了读者的利益。

在新华社记者陆睿的案例中，他试图从 MZ（年轻一代的角度来解释当前两国好感下降的原因。两国的 MZ一代可以通过互联网获取大量信息，这反而导致他们对对方国家的误解。一些网民不进行深入的讨论和交流，而是发表自己情绪化的观点，这只会加剧矛盾。在韩国媒体的经济报道中，“China Peak”一词被频繁使用，这个词背后的语言是“中国的经济增长已经达到顶峰，未来只会出现下降”，暴露出韩国媒体照搬西方媒体报道的倾向。

凤凰卫视记者金知贤说，作为一名在中国媒体工作的韩国人记者，她对如何加强两国之间的日常交流和相互理解非常感兴趣。在数字时代，媒体报道对人们的情绪有很大影响。在涉华事实未经证实或对方未发布相关内容的情况下，一些韩国媒体习惯报道一些猜测性的内容。例如，韩国的雾霾来自中国、食品卫生、中国最高领导人访韩等报道。她担心这些报道会造成韩国人对中国的负面印象。

3. 韩国媒体应如何看待中国？

如果说之前双方媒体人士就目前对方国家的形象和对方国家媒体报道的问题坦诚地交换了意见,那么本节整理了两国媒体人士对今后对方国家媒体前进的方向和遵循的原则提出了建议。

韩联社高級记者李宇卓首先提出中韩记者的基本态度应是”求同

存异”。中韩关系将继续与中美关系的大框架直接联系在一起，他认为从中国的角度来看，韩国对美韩同盟的依赖是可以理解的。但是，中韩两国不应该像中美关系那样对立，而应该重视和利用好韩国人在中国、中国人在韩国的存在，不仅是经济上的交流，还有文化上的交流。他强调，媒体在这一过程中的作用非常重要，建议应针对共同关心的事情和可以相互友好接触的话题，认真思考促进两国媒体共同采访的方案。

《首尔新闻》记者柳志泳说，中韩媒体应尊重彼此的历史和文化敏感性。几千年来，中国一直是东亚文明的中心。它的制度和文化对邻国产生了深远的影响。有鉴于此，中国文化有可能流入朝鲜半岛，影响韩国文化的复兴或演变。一些中国媒体认为“只要有一点中国元素，就是我们的”，这种态度很难得到普遍认可和共鸣。他希望看到中国媒体在这方面进行更多深思熟虑的报道。他还提醒，这也适用于韩国媒体。

《朝鲜日报》评论员安勇炫强调说，为了改善未来的关系，两国必须避免不必要的鼻祖争论。事实上，在历史上和国际关系中，拥有共同边界的国家很少能相处融洽。邻国之间的关系不可避免地涉及领土和历史问题，因此从国家利益的角度出发进行激烈争论在所难免。但他再次强调，两国不宜在鼻祖争议等不重要的问题上争论不休。

两国媒体之间进行沟通的必要性得到了几位与会人的肯定。KBS编导朴晋范说，”两国媒体相关的问题是从以部分网络媒体为中心, 制造并传播刺激性的报道开始的。这种报道的最大问题是, 将国民的舆论歪曲成自己认为的方向, 其结果是助长了两国国民、民族情绪, 形成对立的格局。如果这个过程反复进行, 就会破坏两国人民之间的长期友谊, 有时甚至会制造更大的紧张局势。事实上, 媒体报道一般都是代表本国利益。两国的媒体视角、媒体环境、媒体价值观都不尽相同。

了解两国媒体的报道特性也是前提。《京乡新闻》组长朴银庆强调, 两国媒体要在相互尊重的基础上进行报道, 必须以了解对方为基础。当然, 中韩两国媒体的角色和任务是不同的。她重申, 只有了解两国政治和社会制度的差异, 才能进行准确和公正的报道。

《中央日报》记者李丞浩指出, 两国MZ一代应该消除对彼此的否定看法。 他解释说, 虽然存在一些对彼此的负面看法, 但MZ一代对两国文化也有明显的偏好。在韩国, 糖葫芦、麻辣烫 和福宝很受欢迎, 而在中国, 杭州亚运会电子竞技赛场上的扑克牌手也受到了极大的关注。如果两国能消除对彼此的负面看法, 就能建立更密切的关系。

《韩国经济新闻》记者申祯恩还呼吁两国媒体加强桥梁作用。考虑到网民中经常突出少数极端人士的观点, 这与现实脱节。媒体应介绍双边合作的实例, 提供信息帮助两国人民相互理解。

《每日经济新闻》评论员朴满元也指出, 媒体应考虑对方的感受和立场, 避免不必要的挑衅。在大众传媒中, 电影对普通大众的影响不亚于媒体。考虑到电影与媒体在大众传媒中扮演着类似的角色, 他强调应考虑对方的文化和情感, 避免误导两国人民。

《亚洲经济新闻》记者郑年佑说,“媒体是代表该国国民的沟通窗口,具有代表国民声音的重要功能。”他特别主张, 除了媒体的努力之外, 两国政府应该加强战略沟通和合作, 为两国媒体提供能够进行更客观报道的环境和基础设施。

《韩国财经新闻》北京分社长李锡遇建议, 两国应在政府层面做出细致的努力, 营造健康的互联网环境和两国间的交流环境。对于社交媒体上传播的民族主义、仇恨、相互诽谤、毫无根据的假新闻等, 需要在警惕和应对的基础上开展相互合作。换言之, 必须通过营造和利用健康的媒体环境, 促进中韩两国的理解与合作, 以保持对彼此的友好感情, 发展更加密切的关系。为此, 两国有必要努力对虚假和捏造信息等假新闻进行自我审查, 建立相关制度, 设立并发展预防虚假伪造信息教育等相关防范项目, 并以此为基础努力营造健康的网络环境。同时, 还要加强现有媒体机构之间的合作与交流, 扩大联合打击虚假信息的力度, 并与相关组织和非政府组织开展合作。最后, 建议扩大对公民的媒介素养教育, 加强门户网站和互联网公司的自我监督。

4. 中国媒体应如何看待韩国？

中国记者的建议在许多方面与韩国记者相似。新华社记者陆睿提到，实事求是是两国媒体的基本态度，并强调媒体应为帮助大众做出正确判断做出贡献。随着以网络为基础的自媒体的发展，各种信息的真实性难以判断，两国记者应高度重视专业性。在报道双边关系和对方国家时应保持谨慎的态度，以事实为依据，客观冷静地判断事实。应尊重对方的核心问题，并在相互尊重的基础上努力进行改善。

凤凰卫视记者金知贤补充说，需要尊重对方的制度和文化。在数字时代，媒体报道对人们的情绪影响巨大。她补充说，两国媒体在报道新闻时应警惕臆测性报道，坚持以事实为依据。

《法治日报》记者王刚将彻底核查假新闻列为两国媒体首先要做的事情。中韩媒体在采写和报道时应更多地考虑对方国家的关切，在报道敏感问题时应更加谨慎，这是基于中韩媒体都是对方重要合作伙伴的认识。他告诫说，私营媒体以盈利为目的固然重要，但过度竞争性的煽情报道可能会在两国之间造成负面印象。

《经济日报》记者杨明说，应努力改善情感关系。最近两国间的错误报道主要是由于假新闻在网上迅速传播，主要是由自媒体造成的。两国媒体应避免报道煽动两国人民之间的民族反感或基于民粹主义的敌意。为了两国外交、安全、经济和文化关系的未来发展，媒体必须首先进行公正、准确的报道。此外，他提出媒体应努力报道积极而非消极的内容, 并从前瞻性的角度采取负责任的态度。

《科技日报》记者薛严说, 韩国人通常认为欧美媒体客观公正, 但也应尊重中国的媒体文化。他希望他们相信中国政府的公开数据和中国专家的意见, 也希望看到更多基于当前信息的深度报道。例如, 在供应链和产业互联互通领域, 完全分离和隔离是不现实的, 媒体报道应保持平衡。

《人民日报》记者张悦建议应该提供客观、全面的中国信息。考虑到现在科技进步, 翻译软件已经相当先进, 两国记者应多阅读对方媒体的报道, 从各种渠道获取信息。他还建议韩国媒体多采访有实际研究中国经验的专家。

中国新闻社记者刘旭强调, 双方媒体的报道应准确、全面, 防止假新闻的传播, 尤其是网络假新闻的传播。媒体对这些问题的报道和报道方式对两国人民之间的友谊有着不同的影响。此外, 要加强两国人民之间的友好感情, 必须关注相对软性的问题, 促进相互了解。有必要分享彼此的经历和回忆, 积极报道能从细微处增进彼此友好感情的话题。就像在韩国对熊猫福宝的真诚对待在中国国内也提高了好感一样, 两国有必要报道增进彼此好感的主题。

5. 媒体在双边关系中的作用和贡献是什么？

中韩关系是冷战后世界上最重要的双边关系之一。自 1992 年建交以来，两国在各个领域开展合作，现已成为战略伙伴。然而，自 2022 年尹锡悦政府上台以来，国际和地区安全环境的急剧变化促使韩国呼吁建立"相互尊重"的关系。

在中国，有一个词叫"新常态"。它意味着转变增长模式，确保可持续增长，同时降低增长率目标。对于外交来说，笔者将其定义为"降低彼此无法实现的期望值，向确保可持续发展的关系转变"。新型韩中关系是一种在外交新常态下逐步实现双边合作的关系。这不是一种追求共同利益而将分歧留待以后解决的求同存异关系，而是一种不断消除分歧的求同化异关系。即使出现冲突和误解，也可以通过对话和沟通来解决。

中韩关系的发展并非一帆风顺，双边关系时有起伏。两国人民之间的友好程度也有起伏，媒体对这些起伏负有一定的责任。因此，媒体在未来中韩新型关系的建立中将发挥一定的作用。

随着双边关系的融合化，媒体也需要采取融合性的应对和短、中、长期对策。如果我们能超越建议并付诸实践，两国就能真正实现相互尊重的伙伴关系。就近期而言，对双边关系不太敏感的话题实施联合报道将有利于双边关系的未来发展。

例如，在经济领域，有两国的第四次工业革命、能源、大数据、气候变化、绿色经济、环境问题、合理的供应链合作模式等。人口问题、育儿和妇女就业等问题也能引起两国的共鸣。

笔者希望两国媒体定期介绍两国的好故事和好消息。就非法捕捞问题, 邀请两国渔民和官员互访, 加深对问题的理解。介绍更多地方新闻和与两国地方交流有关的新闻。中央政府可能会对国内和国际形势比较敏感, 但各省可以缓和这种敏感性。现在, 各地可以为中央提供横向支持, 提出新的合作模式, 深化合作内容。

在青年领域, 可以就两国青年的关注点、MZ一代的行为模式和认知、中韩青年文化的认知和现实等问题开展系列报道。由于两国网民, 尤其是在对方国家学习的留学生中普遍存在嫌韩和反华情绪, 可以就在韩国的中国学生和在中国的韩国学生开展系列报道。两国有很多年轻的网红,可以利用他们的善意影响力。可以组织一次美食之旅或互访, 向他们介绍对方的城市、美食、文化和人民。

完全杜绝假新闻是不可能的。但是, 还是应该努力把损失降到最低。首先, 大型门户网站和互联网公司应该能够制裁和封杀频繁、大量制造假新闻的个人或企业。此外, 我们还可以考虑利用人工智能合作进行媒体报道。政府和相关单位可以发挥作用。

要加强两国媒体之间的人际网络建设。要实现交流的多样化和多元化。两国的新媒体多为自媒体或网络媒体, 主观认知的空间很大, 两国应创造更多相互交流的机会。每年发布双边媒体白皮书。邀请对方国家的大学新闻记者团互访。

总之, 中韩两国媒体最好能站在同一高度看待对方。如果两国媒体能扩大共识, 发出最起码的积极信息, 如果能够最大限度地减少误会, 如果两国能够为良性循环关系的发展做出某种尝试, 就能为两国战略合作伙伴关系的坚实基础做出有意义的贡献。

PART
1

현장에서 보는 중국과 중국언론

在一线观察中国和中国媒体

중국과 미국에서 체감한 패권경쟁

이우탁 연합뉴스 선임기자

서울대 동양사학과에서 중국 현대사를 공부했고, 미국 워싱턴주립대학에서 동아시아 국제관계학을 전공해 석사를, 동국대에서 북한학 박사학위를 받았다. 연합뉴스에서 30년간 근무하면서 주로 외교 분야와 국내정치 취재에 주력했다. 1990년대 1차 북핵 위기 당시의 제네바 북미협상과 2000년대 2차 북핵위기 때 진행된 6자회담을 현장에서 취재했다. 중국 상하이 특파원(2003-2006)과 미국 워싱턴 특파원(2011-2014)을 지냈으며 연합뉴스TV 정치부장과 사회부장, 그리고 연합뉴스 북한뉴스 에디터와 콘텐츠 책무실장을 맡았다. 2006년 10월 9일 북한의 1차 핵실험을 특종보도해 삼성언론상을 받았다. 저서로는 상하이 특파원 시절 견문록인 〈장보고, 김구, 앙드레김〉(2006, 동아시아), 6자회담 현장의 기록을 담은 〈오바마와 김정일의 생존게임〉(2009, 창해), 그리고 미중 패권경쟁의 흐름을 분석한 〈프레너미〉(2016, 틔움)가 있다. 현재 한국의 중견언론인 모임인 관훈클럽 총무를 맡고 있다.

在首尔大学东洋史学系学习中国现代史。在美国华盛顿州立大学攻读东亚国际关系学获得硕士学位，在东国大学获得北韩学博士学位。在韩联社工作30年，主要工作是外交领域和国内政治采访。针对1990年代第一次朝核危机时的北美日内瓦协商和2003年第二次朝核危机进行的六方会谈进行现场采访。担任中国上海特派员(2003 - 2006)、美国华盛顿特派员(2011 - 2014)、联合新闻电视政治和社会部部长、北韩社新闻编辑室主任等。因对2006年10月9日朝鲜第一次核试验进行特别报道而获得三星媒体奖。著作有担任上海特派员时的见闻录《张保皋，金九，安德烈·金》(2006年)，记录六方会谈现场的《奥巴马和金正日的生存游戏》(2009)。还有分析美中霸权竞争动向的《Frienemy》(2016年)。目前他担任韩国中坚言论人团体宽勋俱乐部总务。

1.

운명처럼 다가온 중국과 미국에 대한 탐구

필자에게 중국과 미국에 대한 탐구와 취재는 운명적인 것처럼 느껴질 때가 많았다. 대학에서 중국 현대사를 전공한 필자는 학부 졸업 이후 중국 쪽으로 유학해 중국사 전공 학자가 되고 싶었으나 당시 한국과 중국은 외교관계가 없었고, 베이징대학이나 칭화대학으로 유학 간다는 일은 상상하기 어려웠다.

그래서 미국에서 동양학 연구로 정평이 있던 시애틀 소재 워싱턴주립대학교 잭슨스쿨 국제관계대학원을 선택지로 했다. 그곳에는 미국내 한국학의 태두로 알려진 제임스 팔레(James B. Palais) 교수가 계셨고, 〈한국전쟁의 기원〉이라는 책으로 한국 현대사 연구의 새로운 지평을 연 것으로 평가되는 브루스 커밍스(Bruce Cumings) 교수도 강의를 하던 곳이었다.

그때가 1989년의 일이었다. 그 뒤 석사과정을 마친 뒤 입대했다가 잠시 기자 경험을 하려다 현재까지 기자생활을 하고 있다. 필자는 짧은 수습과정을 마치고 정식 기자로 첫 취재를 담당했던 곳이 외교부였다. 1994년이었는데, 북한 핵위기 발발로 연일 큰 기사가 터지던 때였다. 그리고 당시 한중 수교 2주년을 맞아 장팅옌 중국 대사를 인터뷰했는데, 새로운 한중 관계의 대장정을 내딛은 만큼 큰 결실을 이루자는 다짐을 했던 것이 어제의 일처럼 선명하다.

장팅옌 전 주한중국대사 [출처: 바이두]

그리고 2003년부터 2006년까지는 중국 상하이 특파원으로 지냈다. 그 시기는 한중 수교 10년을 지나 양국 관계가 그야말로 우호 그 이상으로 숙성해가는 시기였다. 2003년 봄 사스가 창궐하던 상하이 상황이 떠오른다. 그때 한국인들은 중국을 떠나지 않았다. 노무현 대통령은 2003년 여름 중국을 국빈방문하기도 했다. 2008년 베이징 올림픽을 준비하던 중국인들은 한국 정상의 중국 방문을 매우 환영하고 고마워했다.

상하이는 중국의 '경제수도'답게 세계의 물산이 집중되는 그런 세계적인 도시였다. 한국인들도 대거 진출해 활약하고 있었다. 삼성과 현대, SK 등 한국의 대기업들이 줄지어 중국 투자와 합작사업에 뛰어들었다.

'10만 상하이 교민'의 소식을 전하는 현지 신문, '상하이 저널'이 매주 발행됐다. 강남에서 부동산 쇼핑하러 상하이 주요 아파트에 들락거리는 한국인들이 즐비했다. 그런 중국이 이렇게 변해 있다니… 놀라움을 금치 못했다. 완전히 새로운 중국의 '자본주의 역정'을 현지에서 열심히 전파했다.

2.

워싱턴에서 바라본 중국, 패권경쟁의 속내

2011년 미국 워싱턴 특파원으로 부임했다. 세계 최강 미국의 수도, 워싱턴의 심장부에서는 중국의 존재를 의식하기 시작했다. 그러나 2014년 워싱턴 특파원 임기가 끝날 때즈음 워싱턴의 주요 싱크탱크에서는 미국의 패권에 도전하려는 중국을 경계해야 한다는 '중국 위험론'이 가장 큰 이슈로 다뤄지고 있었다.

2016년 미중 관계가 적이냐, 친구이냐의 갈림길에 들어설 때 필자는 코트라(KOTRA)의 박한진 박사와 함께 미중관계의 속성을 분석한 〈프레너미(Frenemy)〉를 출간했다. 하지만 이후 미중관계는 친구보다는 적의 속성을 더 많이 갖는 전략경쟁의 시대로 넘어갔다.

필자는 그 이유를 미국의 대전략에서 보고 있다. 통상 미국은 이른바 세계 2위의 국가가 일정 수준에 도달하면 극도의 경계심을 갖는

2013년 3월27일 한국의 워싱턴 특파원단과 오찬 간담회를 가진 글린 데이비스 국무부 대북정책 특별 대표와 함께 [출처: 필자]

다. 40%의 법칙으로 필자는 이를 관찰했다. 과거 냉전시절의 소련은 다른 양상이지만 1990년대 초 세계 최강국인 미국은 이후 독일과 일본이 자국 경제규모의 40% 수준을 넘으면 압박하고 굴복시켰다.

2차 세계대전 이후 냉전이 붕괴되는 1980년대까지 양국 경제력 비교는 사실 의미가 없다. 톈안먼 사태가 일어나 정치적으로 중국이 혼란스러웠던 1989년 당시 중국 GDP는 미국의 6% 수준에 불과했다. 북핵 1차 위기를 봉합한 1994년에는 7.74%까지 소폭 올랐다. 1990년대 후반까지 10% 수준에 맴돌았다. 국제정치학자 오간스키(A.F.K. Organski)의 구분에 따르면 중국은 지역 강대국이기는 하지만 지배국 미국의 국제질서에 순응했다. 미국 바이든 행정부의 백악관 국가안보회의(NSC)의 중국 담당 국장으로 지난 30년의 시간 동안 '중국의 대전략'을 연구한 러쉬 도시(Rush Doshi)는 중국이 이 시절에는 동아시아 지역의 강대국으로 만족했다고 설명했다. 그는 1989년부터 2008년까지의 '도광양회(韜光養晦·능력을 감추고 때를 기다린다)' 시기로 불렀다. 중국은 미국의 힘이 월등하다는 사실을 인정하면서 중국에 대한 미국의 군사·정치·경제적 레버리지를 약화시키는 전략을 추진했다. 미군이 중국 근처의 바다를 통제하거나 개입할 능력을 약화시키는 '해양 거부' 전략, 지역 기구들에 가입해 미국의 영향력을 정지시키기, 미국의 경제 압박을 피하기 위한 수단으로서 2001년 중국의 세계무역기구(WTO) 가입이 추진됐다.

이후 중국은 급성장한다. 매년 10%가 넘는 경제성장을 이뤄냈다. 6자회담이 열린 2003년에는 미국의 14%까지 오른다. 그리고 글로벌 금융위기에도 중국은 경제 성장을 거듭해 2008년 중국의 GDP는 미국의 31% 수준에 달한다. 2010년 중국은 일본을 넘어 세계 2위의 경제대국이 된다. 이때 비로소 중국의 GDP는 미국의 40%에 도달했다. 중국 대전략의 관점에서 보면 두 번째 단계에 진입한다. 2009년부터 2016년 사이의 '유소작위(有所作爲·필요하면 행동한다)' 시기다. 2008년 글로벌 금융위기 이후 중국은 미국과의 국력 격차가 축소되었다는 판단 아래 아시아에서 미국의 영향력에 대한 도전을 시작한다. 이때부터 중국 외교의 최고 관심은 미국에서 '주변 국가'로 이동했고, "중국의 이웃 지역을 운명공동체로 만들겠다"는 목표로 나아갔다. 이 시기를 대표하는 정책이 AIIB(아시아인프라투자은행) 설립과 일대일로 구상이다.

세 번째 단계는 2016년 이후 지금까지로 '100년 만의 대변동' 시기다. 중국은 브렉시트, 트럼프 대통령의 당선, 코로나19 대응 실패 등을 미국 쇠퇴의 결정적 신호로 해석하고 글로벌 리더로서 미국을 대체하려는 시도를 공세적으로 추진하고 있다. 시진핑 중국 국가주석은 2019년 연설에서 "오늘날 세계는 100년 만의 대변동을 겪고 있으며 중화민족의 위대한 부흥 실현은 중대한 시기에 와 있다"고 말했다. 중국 지도자들의 발언에서 거듭 나타나는 '100년 만의 대변동'이란 미국의 쇠퇴와 중국의 부상을 함께 의미한다.

트럼프가 등장했던 2018년 중국의 GDP는 14조 달러를 넘어 20조 달러의 미국의 66%에 달했다. 이렇게 되자 미국과 중국의 경제력 규모가 언제 역전되느냐가 관심사가 됐다. 2021년 말 중국의 GDP는 미국의 80% 수준까지 성장했다. 중국의 내부모순 발현으로 중국 GDP가 미국을 추월할 것으로 예상되는 시기가 늦어지고 있지만 대체로 10년에서 20년 사이에는 역전될 것으로 학계는 전망한다.

세력전이론에서 말하는 지배국과 도전국의 갈등 양상은 2010년 이후부터 서서히 드러나기 시작했다. 중국이 미국에 대해 이전과 달리 중국의 위상과 역할을 더 인정해달라는 요구를 해온 것이다. 마침 중국 최고지도자가 된 시진핑 국가주석은 2014년 미국 캘리포니아에서 열린 미중 정상회담에서 '신형대국관계'를 강조했다. 미중 전략경쟁의 서막이 열린 것이다. 이때부터 학계의 관심도 미국과 중국의 대결에 주목했다.

오간스키는 중국의 패권도전 의사와 상관없이 중국은 국가의 구성요소를 감안할 때 충분히 지배국에 도전할 여러 조건을 갖추고 있

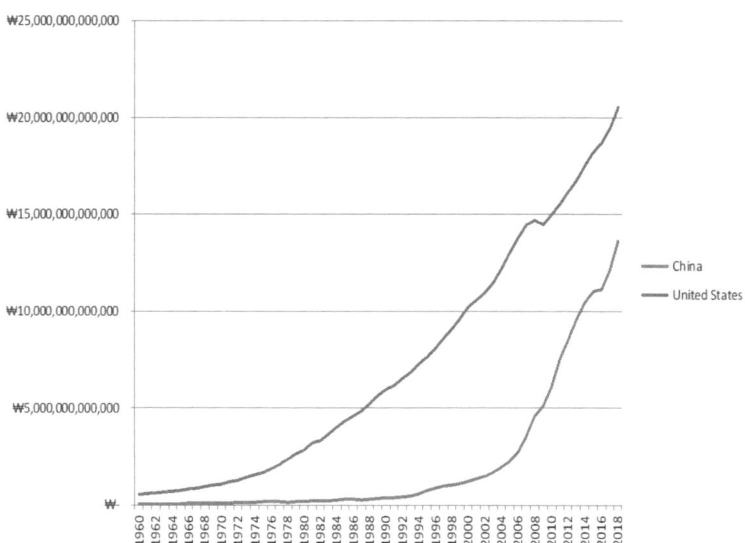

미국, 중국 연간 GDP

다고 설명했다. 미어세이머(John J. Mearsheimer)와 엘리슨(Graham Allison)은 결국 중국이 미국에 맞서게 될 것이며, 이는 양국 사이의 전쟁으로 이어질 가능성이 높다고 내다봤다. 이른바 투키두데스의 함정을 말한다. 미국과 중국의 '전략적 충돌(strategic collision)'은 이제 대세로 굳어지고 있다.

현재 학계는 미중관계의 미래 전망을 몇 갈래로 나눠서 한다. 현재의 지배국인 미국이 중국의 도전을 좌절시키고 패권을 지속 유지하거나, 도전국 중국이 세력전이(현상변경)에 성공해 미국을 제치고 세계 유일의 패권국으로 등장하거나, 양국이 적절한 타협과 절충을 통해 함께 국제질서를 이끌어나갈 것이라는 의견 등이 대표적이다. 어떤 결론이 나든 상당한 기간이 소요될 것으로 보인다.

3.

미중관계의 축을 바꾼 한 마디 "우리는 중국에 속았다"

대학 시절부터 지금까지 주로 중국과 미국에 대한 탐구와 취재를 한 필자는 2011년부터 3년간 워싱턴 특파원을 할 때까지만 해도 미중관계의 순항을 예상하고 기대했다. 그런데 2018년 중요한 사건을 거치면서 생각을 바꾸게 됐다. 개인적 경험이라는 점을 전제한다. 2018년 마이크 펜스 미국 부통령이 허드슨 연구소에서 연설을 했다. 주제는 트럼프 행정부의 중국 정책이었다. 펜스 부통령은 트럼프 당시 대통령의 인사말을 전한 뒤 곧바로 "저는 국민들께 진실을 밝히고자 합니다"라고 선언했다. 그리고 마치 중국에 대한 선전포고와 같은 연설을 이어간다.

그는 "우리는 중국에 속았다"고 강조했다. 2001년 중국의 세계무역기구(WTO) 가입을 지지했고, 중국의 개혁·개방을 도왔지만 "중국은

펜스부통령 [출처: 셔터스톡]

자유와는 거리가 먼 나라가 됐다"면서 "미국은 이제 미국인의 이익을 지키기 위해 긴 싸움을 시작할 것이다"고 천명했다. 그의 연설은 이후 미국과 중국 간 '신냉전'을 알리는 신호탄으로 평가됐다. 미중관계의 획을 긋는 연설이기도 하다. 펜스는 왜 신냉전의 포문을 여는 이 연설을 허드슨 연구소에서 했을까.

허드슨 연구소는 미국의 대표적인 보수성향 싱크탱크이다. 공화당의 정책노선을 만들어내는 곳이기도 하다. 여기에 주목할 만한 연구센터가 있다. 바로 중국전략센터(Center on Chinese Strategy)가 그것이다. 이 센터를 이끌고 있는 사람이 바로 마이클 필스버리다. 리처드 닉슨부터 버락 오바마까지 역대 대통령들의 대중국 외교전략을 자문했던 인물이다.

필자는 2016년 3월 그가 내놓은 〈백년의 마라톤(The Hundred-Year Marathon)〉이라는 저서를 읽고 큰 충격을 받았다. 이 책을 읽고난 뒤부터 그때까지 생각하고 있던 중국에 대한 시각을 바꾸기 시작했다. 원저에는 '미국을 제치고 글로벌 슈퍼파워로 등장하려는 중국의 비밀 전략(China's secret strategy to replace America as the global superpower)'이라는 부제가 달려있다.

단행본 〈백년의 마라톤〉

그가 쓴 책 〈백년의 마라톤〉으로 눈길을 돌려보자. 필스버리의 오랜 중국탐구의 결론이 바로 "미국은 중국에 속았다"이다. 중국이 개혁개방을 하면 서구식 민주주의의 새로운 국가로 탈바꿈할 것이라고 기대하고 미국과 서방세계가 중국을 힘껏 도왔지만 모두 허사이며, 오히려 중국은 그런 미국을 속였다는 것이다. 특히 중국 지도자들은 마오쩌둥에서 시진핑에 이르기까지 1949년에서 2049년에 이르는 '100년의 마라톤'을 거쳐 반드시 미국을 제치고 세계 패권을 쥐겠다는 야심을 품고 있다고 설파했다.

필즈버리의 주장을 계기로 미국내에서는 '중국은 민주주의와 평화를 추구하는 나라인가'라는 질문이 본격적으로 제기된다. 이는 트럼프 행정부의 대중국 정책으로 연결되고, 그것이 바로 오늘날 세계를 흔드는 미중 패권경쟁의 시작이었다.

4.

미중관계의 변화는 한중관계의 변화를 초래했다

미중관계의 중심축이 바뀐 것은 단순히 양국 관계의 양상이 바뀐 것을 넘어 세계질서의 변화, 나아가 한중관계, 북한 핵과 한반도를 흔드는 것을 의미한다. 현재와 미래를 좌우할 뿐 아니라 과거에 대한 인식에도 영향을 미쳤다. 오늘날 한국 사회의 담론으로 부상한 이념과 가치 논쟁도 미중 패권경쟁 시대의 필연적 파장이라 할 수 있다.

요즘 연합뉴스에서는 매번 중국 특파원 선발 시에 큰 어려움을 겪고 있다. 지원자가 적기 때문이다. 필자가 상하이 특파원을 지원했던 2002년에는 경쟁률이 보통 3대 1을 넘었다. 베이징은 물론이고 홍콩과 선양에 특파원을 두고 있는 연합뉴스는 언론사 지망생들에게 선망의 직장이었다. 중국 대륙을 연구하고 취재하려는 젊은 기자들이 매년 연합뉴스 문을 두드렸다. 그런데 이제는 지원자가 없어서 베이징이나 상하이 특파원 교체시기가 되면 불안해한다. 그래서 베이징 2년+워싱턴 2년을 해서 겨우 인원을 선발한 적도 있다.

특히 코로나19 사태 때 철저한 방역정책을 실시한 중국당국의 행보로 인해 중국에 체류했던 한국인들은 큰 고통을 겪었다고 토로했다. 중국에서 음식점을 하거나 관광업 등에 종사했던 한국인들이 대거 귀국했고, 유학생도 크게 줄어들었다. 요즘 상하이 교민이 9천명이라고 한다. 필자가 특파원으로 일하기 시작한 2003년에는 '10만 상하이 교민'이라고 했고, 이들을 위한 현지 소식지가 한국 식당에 대거 배포돼 있었다. 강남에서 부동산 쇼핑하러 상하이 주요 아파트에 들락거리는 한국인들이 넘쳐났다. '강남 복부인'들에게 과거 공산주의 국가였던 중국은 이제 '한탕 큰 돈을 벌 수 있는' 천국이었다. 오죽하면 '중국은 원시적 자본주의가 작동하는 나라'라는 말이 자연스럽게 나왔다.

분명 격세지감이다. 글을 쓰는 현재, 연합뉴스 상하이 특파원은 아직도 공석이다. 이 또한 예전에는 상상하지 못한 일이다. 2022년 한중 수교 30년의 풍경을 생각해 보라. 양국에서 열린 주요 기념행사는 과거에 비해 격이 많이 떨어지고 규모도 축소됐다. 과거 수교 10주년이나 20주년 행사에는 양국 국가정상이나 정상급 고위인사가 참가해 한중관계 발전을 기뻐하고 보다 밝은 미래를 축원했다. 그런데 어느새 열기가 싸늘하게 식었고, 심지어 양국 고위 당국자들 사이에서는 비우호적인 언사가 빈번하게 노출되는 실정이다.

미중관계가 패권경쟁으로 근본적으로 변화했다고 하지만 그 속성을 제대로 읽어야 한다. 미국과 중국이 벌이는 패권경쟁을 과거 냉전 시대의 미·소 관계와 다른 측면에서 바라보는 시각이 최근 들어 점차 늘고 있다. 대표적인 예로 최근 유럽연합(EU)이 강조해온 새로운 대중 접근법인 '디리스킹(de-risking·위험 제거)'을 들 수 있다. 디커플링(decoupling·분리)과 대비돼서 최근 많이 언급되는 디리스킹은 중국과 완전히 결별하는 것이 아니라 중국발 리스크를 관리해나가자는 취지로 제안된 개념이다.

이 개념은 구 냉전 시절 협력의 여지를 철저히 외면했던 미국·소련 관계와 현재의 미국·중국 관계는 근본적인 속성이 다르다는 점을 배경으로 하고 있다. 재닛 옐런 미국 재무장관이 2023년 4월 20일 존스홉킨스대학에서 한 연설에서 "미국은 중국과의 디커플링(분리)을 원하지 않는다. 그것은 재앙 같은 결과를 초래할 것이기 때문이다"라고 일갈했다. 미국과 중국이 벌이는 패권경쟁의 속성을 잘 전달한 것으로 평가된다. 경쟁하되 서로 연결돼있는 양국 관계 속에서 새로운 미래를 찾는 지혜가 필요해 보인다.

5.

한중, 상호 연결고리를 강화해야

한국 내에서 '중국 1세대'로 유명한 박근태 CJ 대표는 양국 관계가 이렇게 삭막하게 될 줄은 몰랐다고 말했다. 그리고 한국이 한미동맹을 축으로 하는 것은 당연히 이해가 되지만 중국을 이렇게 거칠게 다뤄서 국익에 어떤 도움이 될까 걱정했다.

필자의 결론은 이렇다. 한중관계는 앞으로도 더 큰 틀인 미중관계의 흐름과 직접 연결될 것이다. 한국이 한미동맹에 의존하는 것은 중국도 이해할 것이다. 그러나 그렇다고 한국과 중국이 미중관계처럼 대립적으로 가서는 안 된다. 양국 모두에게 좋지 않다. 그러기 위해서는 연결고리를 강화해야 한다.

경제교류는 물론이고 현재 체류중인 중국 내 한국인, 한국 내 중

이우탁 연합뉴스 기자 [출처: 필자]

국인의 존재를 소중하게 여기고 잘 활용해야 한다. 문화교류도 더욱 확대해야 한다. 그 과정에서 언론의 역할이 매우 중요하다. 구동존이(求同存異)의 자세로 공동의 관심사, 서로 우호적으로 접근할 수 있는 이슈를 부각시켜야 한다. 한중 언론 공동취재도 활성화 해야한다. 함께 고민해 보자.

中美之争：作为驻中美记者的心得体会

李宇卓 韩联社高級记者

有人说中美关系已从根本上转变为霸权竞争关系，但应正确解读其本质。近年来，以不同于冷战时期中美关系的视角看待中美霸权竞争的趋势日益明显。一个典型的例子就是欧盟(EU)最近强调的"去风险化"的新对中方针。与"脱钩"相比，"去风险"是一个备受关注的概念，它建议管理来自中国的风险，而不是完全切断与中国的关系。

这一理念的基础是美苏关系与当前中美关系在性质上的根本区别，前者在冷战期间完全没有合作空间，而后者则并非如此。正如美国财政部长珍妮特-耶伦(Janet Yellen)2023 年 4 月 20 日在约翰-霍普金斯大学发表演讲时所说："美国不想与中国脱钩。这会带来灾难性后果"。这句话道出了中美大国竞争的本质。在相互竞争但又相互联系的双边关系中寻找新的未来需要智慧。

韩国有许多人表示，他们没想到两国关系会如此严峻。韩国致力于美韩同盟无可厚非，但许多人担心如此严厉地对待中国会影响国家利益。

总之，韩国与中国的关系将继续与更广泛的中美关系直接挂钩。中国会理解韩国对美韩同盟的依赖。但是，这并不意味着韩国和中国应该像中美关系一样变得敌对。这对两国都没有好处。为此，我们需要加强联系。

我们应该重视和利用韩国人在中国和中国人在韩国的存在，经济交流、文化交流也应进一步扩大。在此过程中，媒体的作用至关重要。我们应强调共同关心的问题，以及可以以双赢态度友好处理的问题，我们还应促进中韩两国媒体的联合报道。

애드거 스노,
그리고 나의 베이징 특파원 시절

박은경 경향신문 정치부 외교안보팀장

신문 읽는 것을 좋아했고, 중학생 때부터 언젠가 신문기자가 되겠다고 생각해왔다. 신문방송학을 공부하던 대학생 때, 김정일 북한 국방위원장이 상하이를 가보고 천지가 개벽했다고 감탄했다는 뉴스를 신문에서 읽었다. 그때부터 중국어 학원 새벽반을 다니기 시작했다. 중국이 더 알고 싶어서 베이징대에서 어학연수를 했고, 칭화대에서 신문방송학 전공으로 석사를 했다. 경향신문에 입사해 신문기자가 된 후 베이징 특파원을 5년간 했으니 덕업일치를 이룬 셈이다. 한국과 중국에서 언론을 어떻게 바라보는 지를 학교에서 학문으로, 취재하면서 실전으로 경험했다. 베이징특파원 5년 동안 김정은 국무위원장의 4차례 방중을 취재했고 한중 사드 갈등, 시진핑 주석 3연임을 가능하게 한 헌법개정, 코로나19 사태 등을 경험했다. 한국 기자로는 처음으로 신장 재교육 캠프의 내부까지 취재했다. 특파원을 하면서 보고 듣고 생각한 것을 묶어 단행본 『판다와 샤오미』(2018)를 출간했다. 귀임한 후에는 주경야독으로 대만과 한반도를 주제로 박사논문을 썼다. 대만해협 위기와 한반도 문제를 연구한 책 출간을 준비 중이다.

喜欢看报纸，从初中开始就想有一天要成为新闻记者。在学习新闻广播学的大学生时期，在报纸上看到了朝鲜国防委员长金正日去上海后感叹这是“开天辟地”的新闻。从那时起，开始上早晨的中文补习班。因为想进一步了解中国，所以在北京大学进行了语言研修。并在清华大学获得了新闻广播学硕士学位。进入京乡新闻成为新闻记者后，担任了5年北京特派员。在学校研究韩国和中国如何看待媒体的过程中，通过实战积累了经验。在5年的特派员工作中报道了金正恩国务委员长的4次访华，韩中萨德矛盾、习近平主席3届连任的宪法修改、新冠疫情等。作为韩国记者，首次对新疆再教育基地内部进行了采访。将担任特派记者时看到、听到、想到的内容汇总起来，出版了单行本《熊猫和小米》(2018)。回国后，以台湾和韩半岛为主题撰写了博士论文，目前正在准备出版研究台湾海峡危机和韩半岛问题的书籍。

1.

애드거 스노(Edgar Snow)와 화춘잉

2021년은 중국 공산당이 창당한 지 꼭 100년을 맞은 해였다. 시진핑 중국 국가주석은 중국 공산당 최고 지도자인 총서기로 선출된 2012년 '두 개의 100년(兩個百年)'이라는 목표를 제시했다. 하나의 백년은 중국 공산당 창당 100주년을 맞는 2021년까지 '전면적인 샤오캉(小康·모두가 편안하고 풍족한 생활을 누림) 사회'를 달성하는 것이고, 다른 하나는 중국 공산당이 중화인민공화국 성립을 선포한 지 100주년인 2049년까지 사회주의 현대화 강국을 완성한다는 것이다. 2021년은 공산당 창당 100년을 넘어 시진핑 주석의 중국몽(中国梦) 실현의 첫 단계라는 큰 의미를 품고 있는 셈이다.

이 같은 큰 의미를 담고 있는 2021년 1월 4일 첫 중국 외교부 정례 브리핑이 열린 외교부 란팅(蓝厅·블루홀). 정례 브리핑 시작 전 란팅에

2021년 1월 4일 첫 중국 외교부 정례 브리핑에서 화춘잉 대변인 [출처: 중국 외교부 홈페이지]

모인 기자들은 '오늘의 대변인'이 누군지에 촉각을 집중한다. 당시에는 왕원빈, 자오리젠, 화춘잉 등 세 명의 대변인들이 한 주씩 돌아가면서 진행했는데, 출장 등 상황에 따라 순서가 바뀔 수도 있다. 이날은 주인공이 등장하기도 전에 수수께끼가 풀렸다. 단상 아래 발 받침대가 놓였기 때문인데 다른 대변인에 비해 키가 작은 화춘잉(华春瑩) 대변인이 진행할 때는 미리 받침대가 배치된다.

이날 화춘잉 외교부 대변인은 브리핑을 시작하기 전에 애드거 스노의 이야기를 먼저 꺼냈다. "2021년은 중국에 있어서 역사적 의미를 가진 해입니다. 1930~40년대 국민당(대만) 정부가 옌안을 봉쇄하고 중국 공산당을 악마화하는 상황에서 애드거 스노, 아그네스 스메들리, 안나 루이스 스트롱을 비롯한 외신 기자들이 '누가, 어떤 것이 중국 공산당원인가'라는 데 호기심을 가지고 옌안으로 가서 당원들과 직접 만나 〈중국의 붉은 별〉을 포함한 객관적인 기사를 많이 썼습니다. 이들은 세계에 중국 공산당을 이해하게 하는 눈이 됐습니다. 이들은 중국인들의 좋은 친구로 영원히 기억 속에 남을 것입니다."

화 대변인의 이날 모두 발언은 이례적으로 길었다. 눈빛과 목소리를 따스했지만 전하고 싶은 메시지는 단호했다. 애드거 스노에 대한 평가와 교차시켜 외신 기자들에게 중국에 대해 더 객관적 보도를 해 달라고 부탁한 것이다.

화 대변인은 "중국은 두 개의 100년이란 목표의 역사적 교차점에 서 있고, 사회주의 현대화 국가 건설을 위한 새로운 여정에 착수할 것"이라면서 "외신 기자들이 중국 공산당의 국정을 다스리는 이야기를 사실대로 기록하고 객관적으로 보도해주길 진심으로 바란다"고 말했다.

미국의 저널리스트이자 작가 에드거 스노(Edgar Parks Snow) [출처: 구글]

2.

나의 베이징 특파원 시절

2016년부터 2021년까지 5년간 베이징 특파원으로 근무했다. 유학 등으로 베이징과 선전에서 거주했던 3년을 더하면 중국에서 거주했던 8년을 포함해, 20년 넘게 중국을 알기 위해 분투했다. 〈태양의 후예〉로 한국 드라마 인기가 뜨거웠던 시기에 부임했지만 곧 사드(고고도미사일방어체계)로 한중관계가 급전직하했다. 일부 식당은 '한국인 출입금지'라는 경고문을 내걸었고, 어떤 택시 기사는 한국인 승차거부를 했다. 19차 당대회와 5번의 양회를 현장에서 취재했고, 코로나19를 현장에서 경험하고 취재했다.

특파원 하루의 시작은 매일 아침 CCTV13 채널의 자오원톈샤(早闻天下)』를 켜는 것이었다. 중국 주요 뉴스를 전하는 오후 7시 〈신원롄보(新闻联播)〉가 퇴근 시계 역할을 했다. '빵빵 빵 빵빵빵~'으로 시작되

2017년 3월 양회가 열린 베이징 인민대회당에서 망원경으로 주석단을 보고 있는 필자 [출처: 필자]

는 신원롄보의 시그널 음악은 어떤 뉴스가 나올지 궁금증도 자아냈지만, 퇴근이 다가왔음을 알리는 설레는 소리이기도 했다. 물론 신원롄보에서 큰 뉴스가 발표된다면 퇴근은 한없이 미뤄질 수밖에 없지만 말이다.

공산당 기관지 인민일보도 매일 읽었다. 어느 정도 중국 뉴스를 이해한다고 생각했을 때쯤, 중국에서는 새로운 정책이 나왔고, 신조어도 나왔다. 언어 장벽을 극복하기 위해서는 끊임없는 노력이 필요했다. 끝나지 않는 도전의 연속이었다.

셀 수 없이 많은 기자회견에 참석했다. 월요일부터 금요일까지 오후 3시에 하는 외교부 정례브리핑도 그렇고, 국무원에서 수시로 하는 기자회견은 주말에도 참석했다. 양쯔강 위 배에서, 둔황 명사산 모래

위에서, 티베트 포탈라궁에서 기자회견을 했고, 코로나19 때는 우한과 연결한 이원 화상 회견에도 참여했다.

그리고 외교부 정례브리핑을 제외한 중국의 대부분 기자회견은 사전에 질문을 제출하도록 요구한다. 이유는 “더 충실한 대답을 하기 위해서”였다. 그래서 어떤 질문은 아예 차단당했다. 이유는 기자회견 주제와 맞지 않다는 것이었다. 그러나 더 충실한 답변을 하기 위한 것이라고 사전에 질문을 받았지만 현장에서 나오는 답변이 매번 충실한 것은 아니었다. 어떤 질문에는 ‘당신은 외국인이라서 중국을 잘 모른다’라는 전제가 포함된 답변도 적지 않았다.

3.

해납백천(海纳百川)이란 란팅의 의미

마오쩌둥은 홍군을 낭만적 농촌 게릴라로 표현한 애드거 스노를 전적으로 신뢰했다. 미국에 중요한 메시지를 보낼 때는 애드거 스노와 인터뷰를 활용했다. 어쩌면 중국에서 외국 저널리스트에 대한 호감은 홍군의 대장정을 취재한 중국의 붉은 별 애드거 스노가 최고 정점이었다.

중국 공산당이 결성되고 제1차 전국대표대회당대회가 열렸던 곳은 당시에는 프랑스 조계지였다. 지금은 신천지라는 이름처럼 초현대식 건물과 쇼핑센터가 늘어선 신톈디 한복판의 싱예루(兴业路) 76호에 있다. 김정일 국방위원장이 생전 상하이를 보고 감탄하며 했던 말처럼 그야말로 천지가 개벽했다. 미국이 견제할 정도로 무섭게 성장한 현재의 중국은 1930년대 옌안에 고립됐던 중국 공산당과는 비교가 되

2019년 4월 취재한 신장위구르자치구의 한 직업학교에 이슬람 경전인 코란과 시진핑 주석의 책이 나란히 배치돼 있다. [출처: 필자]

지 않는다. 그래서 중국이 더 여유를 가질 필요가 있다.

현재의 외교부 란팅에서 내외신 기자들을 대상으로 첫 정례브리핑을 연 것은 2010년 10월 1일이다. 당시 대변인이던 마자오쉬는 란팅의 유래에 대해 "푸른색은 개방, 용기, 진정과 화합을 의미한다"면서 "바다의 색깔인 푸른색은 해납백천(海纳百川)의 외교부 정신과도 통한다"고 설명했다.

중국은 경제 정책과 관련해 줄곧 개혁·개방을 강조해왔다. 대외개방을 하지 않을 이유가 없고, 개방의 문은 점점 더 커질 것이며 열린 문은 닫히지 않을 것이라고 말한다. 유독 외국 기자들에 대한 경계감을 높일 필요가 없다. 바다는 수많은 강물을 모두 받아들이지 않는가. 다른 사람을 탓하지 않고 너그럽게 감싸 주거나 받아들이는 포용의 마음을 강조한 해납백천은 마오쩌둥 주석의 집무실에도 걸려 있던 글귀다. 중국이 란팅의 첫 브리핑에서 언급했던 해납백천의 정신이라는 초심을 잃지 않고, 외신기자들에 대해서도 더 넓고 더 열린 마음으로 전진해 주길(不忘初心继续前进) 기대한다.

4.

다름의 이해와 협력의 확대

한중은 가깝기 때문에 서로를 잘 안다고 생각한다. 그러나 실상은 다른 듯하다. 한국 입장에선 중국은 푸른 바다처럼 너무 깊고 넓어서 모두 알기는 어렵다고 느낄 수 있고, 중국은 역동적인 한국을 제대로 이해하기 힘들다고 생각할 수 있다. 이 때문인지 양국은 역사문제, 사드갈등, 국제정세 같은 여러 내외부적 요인에 따라 개선과 악화를 반복해왔다. 국가 간 관계가 좋지 않더라도 K-컨텐츠 등 문화에 바탕을 둔 민간 교류는 활발하던 시기(官冷民热)도 있었고, 반대로 양국 간 여론은 좋지 않지만 국가 간에는 비교적 우호적 관계를 보이는 경우(官热民冷)도 있었다. 국가 간 관계도 잘 풀리지 않지만, 민간 교류도 원활하지 않고, 양국 여론도 얼어붙어 있는(官冷民冷) 어려운 상황도 있다. 양국 관계가 어려울수록

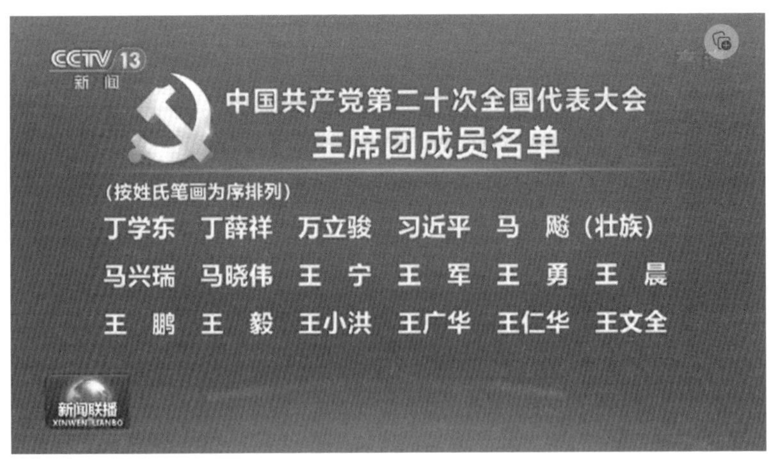

5년에 한 번 열리는 당대회의 주석단 등 주요 인사들의 명단이 신원롄보를 통해 문자로 전달된다. 보통 200명이 넘는 이름을 호명하다보니 8분 넘게 이어진다. [출처: CCTV]

양국 언론의 역할은 더 중요해진다.

나는 한국과 중국에서 신문방송학을 공부했고, 또 양국에서 취재 활동을 했다. 한국의 대학 학부에서 신문방송학을 전공했고, 중국에서 신문방송학 석사학위를 받았다. 한국과 중국은 신문방송학이라는 이름을 함께 쓰지만 학문적 배움도 다르고 실제 언론 환경도 매우 다르다.

2002년 중국 베이징에 처음 갔을 때 가장 놀랐던 것은 CCTV의 메인뉴스인 신원롄보였다. 오후 7시에 시작하는 신원롄보는 CCTV1(종합), CCTV13(뉴스) 채널뿐 아니라 베이징TV, 저장TV, 산둥TV 등 전국의 각각 다른 모든 채널에서 동시에 똑같이 방송되고 있었다. 각 방송국마다 메인 뉴스를 두고 치열한 취재 경쟁을 벌이는 한국과는 전혀 달랐다. 더 놀라운 일은 3시간 후에 벌어졌다. CCTV

가 오후 10시에 〈신원롄보〉를 재방송했기 때문이다. 뉴스는 새로운 소식이어야 한다고 배우고 익혔던 신념이 깨지는 순간이었다.

5년에 한 번 치러지는 공산당 전국대표대회 때는 더 이례적인 뉴스 화면을 볼 수 있었다. 붉은 화면에 노란색으로 200명이 넘는 주석단 명단을 써서 발표하는 것이다. 방송 뉴스임에도 사진이나 동영상 없이 이름만 호명된다. 명단에 올린 이름이 많다 보니 이 명단 보도에 할애하는 시간이 8분이 넘는다. 8분 넘게 이름만 나오는 뉴스라면, 한국에서는 역대급 방송 사고일 수 있지만, 중국에서는 5년에 한 번 나오는 중요하고 의례적인 보도일 뿐이다.

언론의 사례를 들었지만 사회주의 국가 체계와 민주주의 체제가 다르다는 것은 염두에 두지 않고서는 서로를 이해하지 못한다. 한국에서 근무하는 중국 매체 특파원들은 한국의 매체 보도에 대해 국가, 정책에 대한 비판이 너무 많아서 놀랐다고 한다. 그것이 오히려 나라를 혼란스럽게 하는 것이 아니냐는 것이다. 한국은 자유로운 비판과 토론을 통해서 사회 발전을 추구하고 있다. 이것이 중국과 다르다고 해서 비판이 국익을 저해했다고 보지 않는다. 우리는 건전한 비판과 올바른 보도가 국익과 다르지 않다고 본다.

한중은 상대국을 익숙하게 여기지만, 그렇다고 서로 제대로 이해하고 있다고는 말하기 어렵다. 오히려 가까이 있기 때문에 잘 안다고 오해하기 쉽다. 다름에서 오는 차이를 크게 보면 점점 더 멀어질 수밖에 없다. 중국이 표현하는 대로 한국과 중국은 '이사갈 수 없는 이웃국'이다. 같이 협력할 수 있는 분야에서 소통을 강화해야 한다.

중국 외교부에는 란팅이 하나지만 중국 전역에는 수많은 '란팅'이 있었다. 수많은 중국의 평범한 사람들이 생활하는 후퉁(胡同)에서의 이들의 작은 손짓이나 말투도 중국을 이해할 수 있게 해주는 또 하나의 란팅(소통의 장)이다. 한중 언론인들이 만나서 대화를 나누는 작은 테이블이 또 하나의 란팅이 될 수 있다.

5.

공통 관심사 공동 취재부터 시작하자

중국을 이해하는 것이 어렵고 힘들다고 말하지만, 언론에서는 중국에 대한 취재나 이해를 그만 두겠다고 하지는 않는다. 이는 중국도 마찬가지일 것이다. 일부 전문가나 언론의 거친 '입'에 초점을 맞추지 말고 문화적 공통점, 경제적 상호 보완성, 상호 공유하는 가치에 주목해 볼 필요가 있다.

한국 언론인들이 중국 보도에 있어서 가장 힘들어하는 부분이 정확하고 다양한 정보가 부족하다는 점이다. 이 때문에 어떤 때는 어쩔 수 없이 서방 미디어 보도를 인용하기도 하고 이는 양국에 대한 이해에 왜곡을 만들기도 한다. 민감한 문제에 대한 언론 간 협력이 당장 어려울 수 있더라도 양국의 공통 관심사, 당면한 사회 환경 현안에 대한 공동 취재는 가능하다고 본다. 언론이 상호 이해를 바탕으로 차이를 크게 보지 말고 공통점부터 찾아가는 것은 중요하다.

유튜브 같은 동영상 채널의 활성화, 각종 소셜미디어(SNS)에서 수많은 정보가 양산되면서 가짜 뉴스들도 쏟아지고 있다. 대중들은 정제된 신문과 방송뉴스보다는 자극적인 '마라맛'의 가짜뉴스에 더 끌린다. 이 같은 환경 변화에서 오는 고민은 한중 언론 모두 겪는 공통점이다. 챗GPT 같은 AI(인공지능)의 활용에 대해서도 양국 언론이 협력할 부분이 많다. 생성 AI가 언론사에 위협 요인이라기보다 하나의 중요한 기회로 만들고, 효율성과 생산성 향상에 도움을 줄 수 있도록 협력하고 논의할 수 있다.

뉴스 미디어 기업의 미래를 담보하기 위해 새로운 고객인 Z세대 유입은 매우 중요하다. 지금의 소셜 플랫폼들은 알고리즘에서 숏폼과 세로형 비디오를 우선시하고 있으며 이는 기존 언론 보도 문법과는 다르다. 한중 언론이 뉴스를 어떻게 전달할 것인지 함께 연구하고 또 새로운 시도도 해볼 수 있다고 본다. 자유로운 온라인 세계와 IT기술을 가진 한국과 도우인(抖音), 틱톡을 통해 숏폼 콘텐츠 플랫폼을 자리잡게 한 중국이 함께 고민할 수 있는 기회가 만들어지길 바란다.

埃德加·斯诺和我的北京记者岁月

朴银庆《京乡新闻》外交安全组组长

有人说，了解中国是一件困难而具有挑战性的事情，但媒体并没有说要停止报道或了解中国。中国也应如此。与其关注一些专家或媒体的满口脏话，不如关注文化上的共通性、经济上的互补性、价值观上的相通性。

对韩国记者来说，报道中国的最大挑战之一就是缺乏准确、多样的信息。正因为如此，他们有时不得不引用西方媒体的报道，这扭曲了他们对两国的理解。即使两国媒体在敏感问题上的合作在近期内可能会比较困难，但两国还是有可能在共同关心的问题以及社会和环境问题上进行合作。重要的是，媒体应在相互理解的基础上求同存异。

随着 YouTube 等视频频道的兴起和各种社交媒体(SNS)上信息

的丰富，假新闻也变得更加普遍。公众更喜欢耸人听闻的“麻辣味”假新闻，而不是精致的报纸和广播新闻。这种不断变化的环境给中韩媒体带来了共同的挑战。在使用。

ChatGPT 等人工智能(AI)方面也有很大的合作空间。他们可以合作讨论如何让生成式人工智能成为媒体的重要机遇而不是威胁，帮助提高效率和生产力。

吸引新受众 Z 世代对于确保新闻媒体机构的未来至关重要。如今的社交平台在算法上优先考虑短视频和垂直视频，这与传统的新闻语法不同。我认为韩国媒体和中国媒体可以共同研究如何提供新闻并尝试新事物。我希望拥有自由网络世界和 IT 技术的韩国和通过“抖音”和“Tiktok”统治短视频内容平台的中国能有机会共同思考。

삼국지의 나라
중국과 어려움에 빠지다

정연우 아주경제 정치부 기자

서울 출신으로 중앙대학교 화학과 재학 중 언론 환경에 관심이 생겨 기자의 길을 선택했다. 2007년 대학시절 베이징 여행을 다녀왔다. 올림픽을 1년 앞둔 시기 중국이 경제대국으로 성장하기 전의 모습을 직접 눈으로 확인할 수 있었던 좋은 기회였다. 중국인을 만날 때마다 대화가 통했던 것은 정치, 경제와 같은 딱딱한 주제가 아닌 '한류'로 대표되는 문화 콘텐츠였다. 한국의 연예인과 드라마 제목을 이야기하면 "아 그거"하면서 친숙한 반응을 보였던 것으로 기억한다. 2022년 아주경제에 경력기자로 입사해 정치부에서 외교부, 국회 등에 출입했다. 2022년~2023년 외교부 출입기자로 근무하며 코로나19로 막힌 관광 비자발급 제한 문제를 심도 있게 취재했다. 이 시기 외교부를 출입하면서 한중 외교 간 균열을 해소할 방법은 민간 교류가 활성화되는 게 우선임을 느꼈다. 외교에 활력을 불어넣는 힘은 '압박'이 아닌 '유연함'에 있다. 무거운 대화 보다는 양국 국민이 서로에게 관심 많은 주제를 논하는 것은 어떨까.

生于首尔，在中央大学化学系就读期间对媒体产生了兴趣，因此选择了记者之路。2007年上大学时去北京旅游，这是一个很好的机会，可以亲眼目睹中国在奥运会前一年成为经济强国之前的样子。每次与中国朋友见面，对话的不是政治、经济等硬实力的主题，而是以"韩流"为代表的软实力文化内容。记得每当提到韩国的艺人和电视剧的名字，他们就会说"啊！那个"，表现出很熟悉的印象。2022年作为有经验的记者进入亚洲经济新闻，在时政部出入外交部、国会等。2022年至2023年担任外交部出入记者，深入采访了因新冠疫情而受阻的旅游签证发放限制问题。在这一时期出入外交部的过程中，感觉到解除韩中外交间裂痕的首要方法是要实现民间交流。为外交注入活力的不是"压迫"而是"温柔"。

1.

초등학교 도서관에서 빌린 삼국지연의

대학 재학 중 아르바이트로 학원강사 일을 하며 제법 많은 돈을 모았다. 방과 후 주 3회 저녁 시간에 중·고등학교 학생들을 대상으로 국어를 가르치며 월 80만 원을 받았다. 당시 최저시급은 3480원이었다. 주 2회 과외 알바 하던 친구들이 20~30만 원을 받던 때였다. 대학교 2학년생의 알바 수익 치고는 나쁘지 않았다. 그 돈으로 여름 방학을 맞아 3박 4일 동안 중국을 다녀왔다. 소설 〈삼국지연의〉 빠져 있었던 게 가장 큰 이유였다.

어릴 적부터 나관중의 소설 삼국지연의를 읽으면서 중국의 역사와 문화에 대한 동경을 키워왔다. 삼국지와의 인연은 초등학교 2학년 때 도서관에서 시작됐다. 만화책 중 재미있는 게 무언가가 있나 싶어 둘러보던 중 두꺼운 삼국지 소설책을 발견했다. 상·중·하로 분류된 총

3권짜리 책이었다. 호기심에 상편을 먼저 빌렸다. 일주일 후 중편, 그 다음은 하편을 대여해 읽었다. 초등학생이 어른들이나 볼만한 책을 계속 빌리자 사서가 "아버님께서 빌려오라고 시키셨니?"라고 말했던 게 기억에 남는다. 사실 정독해서 읽은 게 아니었다. 책에 실린 삽화가 신기해서 보다가 반납일에 맞춰서 대출한 것뿐이었다.

"삼국지를 세 번 이상 읽지 않은 사람과는 인생을 논하지 말라"는 말이 있다. 삼국지를 반복해서 읽은 사람은 지식의 양이 방대하기 때문에 설전을 벌이면 끌려 다닐 수 있다는 뜻이다. 초등학교 고학년이 되면서 어머니께서 당시 필자의 수준에 맞는 만화 삼국지를 생일 선물로 사주셨다. 일본인 작가가 쓴 60권짜리 책이었다. 당시 이 만화책을 가지고 있는 게 일종의 자랑거리였기 때문에 친구들을 집으로 초대해 같이 읽곤 했다. 중학교 1학년 때는 이문열의 삼국지 시리즈를 모두 독파했다. 필자에게 삼국지는 교양서적을 떠나 세상 사는 지혜와 리더십을 배울 수 있는 교과서였다.

삼국지를 책으로만 접한 건 아니었다. 중학교 2학년 때는 1994년 중국 CCTV에서 만든 총 84부작 삼국지 드라마를 보기 위해 비디오가게 문턱을 자주 드나들기도 했다. 특히 게임을 좋아했다. 당시 일본 모 회사에서 만든 전략 시뮬레이션 삼국지 게임 CD를 부모님께 받은 용돈을 모아 구입했다. 이 게임은 삼국지에 등장하는 각 세력 중 한 곳을 선택한 뒤 상대 세력을 병합해서 중국 통일을 이루는 게 목적이다. 처음에는 유비, 조조, 손권, 원소, 동탁 등 강한 군벌들로 시작했다. 소속 무장들의 능력치 균형이 좋아서 게임이 쉽게 풀린다. 그러다 슬슬 질리면 일부러 남만의 맹획, 교주의 사섭, 요동의 공손씨와 같은 변방 세력으로 갈아탔다. 강자들을 꺾는 재미가 쏠쏠했다. 학교에서는 친구들과 게임 이야기를 하면서 '최강자 토론 배틀'을 벌였다. 유비와 조조 중 누가 더 뛰어난 리더인지, 여포와 조자룡 중 누가 더 싸움을 잘하는지, 제갈량과 사마의 중 누가 더 똑똑한지를 두고 논쟁했다.

삼국지의 흔적은 중국에서 쉽게 찾아볼 수 있다. 웬만한 식당이나 상점에 들어가면 관우를 신으로 모시고 있는 것을 발견할 수 있다. 관우는 중국 삼국시대 촉한(蜀漢)의 군주인 유비 수하의 무장이다. 흔히 삼국시대 가장 뛰어난 장군으로 관우와 장비를 꼽는다. 특히 관우는 조조에게 항복하고 나서도 유비의 생사가 확인되자 천리를 마다하지 않고 찾아가는 관우가 유비를 찾아 하북으로 가는 길에 위치한 다섯 관문을 지나며 여섯 장수를 벤 이야기 오관참육장(五關斬六將) 에피소드에서 볼 수 있듯 충성과 의리의 상징으로 유명하다. 형주를 지키다 손권의 부하 장수인 여몽에게 패해 마지막까지 결사항전을 벌이는 모습은 중국인들의 마음속 깊이 각인돼 후대 왕조에서 신앙이 됐다.

삼국시대 이후 들어선 나라들은 공자의 문묘와 함께 관우를 무묘로 신위를 세워 제사를 지내고 기렸다. 청나라 시기에는 관성교에서 관우를 높여 부르는 말 관성대제(關聖大帝)로 추존됐다. 서울에 있는 동묘와 남묘도 관우를 모신 사당이다.

나는 지금도 삼국지와 관련된 드라마나 영화가 나오면 반드시 챙

2023년 1월31일 진행된 한덕수 국무총리 백브리핑에 참여한 필자 [출처: 아주경제]

겨 본다. 나에게 중국은 삼국지 속 영웅들이 살던 무대였다. 문화콘텐츠가 국가 간 관계, 국민 간 인식에 미치는 영향은 크다. 삼국지의 인물들이 살아 숨 쉬었던 장소에 가서 그 흔적들을 살펴보고 싶었다. 그들의 후손인 지금의 중국인들은 어떤 모습으로 살아가고 있을지 궁금했다.

2.

한중관계가 얼어붙었다

2007년은 중국에서 한류열풍이 불던 해였다. 그 때문에 한국인은 중국 어디를 가도 환영을 받았다. 하지만 10년 후 양국 관계는 살얼음판을 걷기 시작했다. 중국은 2017년 사드 배치에 대한 보복으로 '한한령(限韓令·한류금지령)'을 내렸다. 한국행 단체관광객 수를 감축시키고 불매운동을 벌인 것이다. 이에 한국을 찾던 중국인은 약 800만 명에서 420만 명으로 절반 가량 급감했다. 당시 한 중국 정부인사가 "소국(小國)이 대국(大國)에 대항해서 되겠냐?"는 발언으로 한국을 놀라게 했다. 이래서 국가 간 외교가 중요하며 한마디를 하더라도 더 신중해야 한다. 강경한 단어를 사용하거나 상대의 심기를 건드리는 말투는 지양해야 한다.

MZ세대란 1980년대 초~2000년대 초 출생한 밀레니얼 세대와

한중수교 31주년인 2023년 8월24일 고(故) 노태우 전 대통령 묘소에 참배하는 싱하이밍 주한중국대사 [출처: 아주경제]

1990년대 중반~2000년대 초반 출생한 Z세대를 통칭하는 말이다. MZ로 대표되는 한국의 젊은이들이 중국인을 가장 싫어하는 외국인 1순위로 꼽게 된 이유도 이때부터이다. 2006년 한국의 고대 국가인 고구려가 중국의 지방정부 중 하나였다는 동북공정을 중국 정부 차원에서 추진했을 때도 이 정도로 반중(反中)감정이 심하지는 않았다. 한국과 중국은 1992년 8월 24일 수교 이후 31년 동안 동상이몽(同床異夢) 했는지 모를 일이다.

잘 알려지지 않은 사실이지만 한중수교에 가장 크게 공헌한 인물로 고(故) 노태우 전 대통령을 꼽는다. 그는 외교에서 나름 성과를 냈다. 한중 양국은 서로 다른 정치 체제를 고수하고 있고 중국은 한국이 안보적으로 경계하는 북한과도 혈맹이다. 한국과 중국 관계 수교 분수령이 된 1992년 한중수교 당시의 대통령이었다. 사상 첫 한중 정상회담을 이끌어낸 것도 그다. 중국뿐만 아니라 소련, 동구권과 수교를 추진한 북방정책은 노태우 정부의 가장 큰 업적이다. 1988년 서울 올림픽이 냉전 체제 설립 이후 최초로 서방국가와 공산국가 모두가 참여한 올림픽이라는 점도 높게 평가해야 한다. 미국, 일본과의 외교에 방점을 두긴 했지만 출범 이후 제대로 된 한중 정상회담을 진행하지 못하는 윤석열 정부와 대조된다.

3.

노태우 대통령 묘역에서 만난 유일한 중국인

싱하이밍 주한중국대사는 2023년 8월 24일 한중수교 31주년을 맞아 경기도 파주 동화경모공원에 안치한 노태우 전 대통령 묘소를 방문해 참배했다. 노 전 대통령의 묘지는 동화공원 맨 꼭대기에 있었다. 비가 오는 날 우산을 쓰고 카메라 기자 선배와 함께 걸어서 올라갔다. 정장 차림에 구두를 신었는데 중간에 택시를 보낸 것을 후회했다.

묘역에 도착하니 주한중국대사관, 노태우 기념사업위원회 관계자들이 먼저 자리를 지키고 있었다. 한중수교 31주년을 기념하는 자리였음에도 우리 정부 측 관계자는 한 명도 없었다. 외교부가 용산 대통령실의 눈치를 보고 있다는 게 역력했다. 융통성있게 외교를 펼치지 못하는 정부의 외교적 역량이 아쉽다.

고(故) 노태우 전 대통령을 찾은 싱하이밍 주한중국대사(왼쪽)와 단독 인터뷰를 진행하는 필자 [출처: 아주경제]

싱 대사는 이날 중국 전통 참배 방식에 따라 노 전 대통령 묘역을 한 바퀴 돌고 헌화했다. 필자는 참배를 마친 싱 대사와 단독인터뷰를 했다. 싱 대사는 "한중관계의 토대를 마련한 노 전 대통령께 항상 감사하게 생각하고 있습니다"라며 노 전 대통령과의 인연을 회고했다. 싱 대사는 이어 "양국은 영원한 협력 파트너라고 생각합니다"라며 한중관계가 살얼음판을 겪고 있는 점에 대해 아쉬워했다. 그는 또 "서로가 선린우호(善鄰友好)적 외교를 펼쳤으면 좋겠습니다"라고 필자에게 토로했다. 그러나 아직까지 한중 정상회담이 열리지 못해 무척 아쉽다.

싱 대사는 한중관계 회복을 위한 조건 중 하나로 양국 언론의 책임 있는 보도를 자주 거론했던 인물이다. 하지만 언론은 그 나라의 국민을 대표하는 소통 창구다. 국민의 목소리를 대변하는 게 바로 우리 기자들이다. 언론이 변화를 주문하는 것도 중요하지만 양국 정부가 전략적 소통과 협력을 강화하는 것은 더 중요하다.

4.

관광은 국가간 상호신뢰를 통해 이뤄진다

코로나 펜데믹 기간 휴가 때마다 항상 제주도를 찾았다. 이국적인 자연환경과 매력적인 숙박업소, 식당, 카페 등은 MZ세대들의 감성을 자극했다. 해외여행에 제약이 있던 시절이라 신혼여행지로 제주를 선택하는 젊은 부부들도 많았다. 필자는 차를 빌려 해안도로를 따라 운전하며 주변 경관을 감상하고 주요 관광지에 들러 휴대폰 카메라에 담는 것을 즐겼다.

제주는 사계절이 아름다워 비수기와 성수기가 없다. 그러나 코로나 이후 유커들은 물론 내국인 관광객마저 발길이 줄어들면서 제주의 숙박업소와 관광지 주변 식당들은 큰 타격을 입었다. 2021년 겨울 혼자 제주에 놀러갔을 때 서귀포에 있는 한 게스트하우스에서 하루 숙박을 했다. 이곳에는 지하에 라이브카페 분위기의 맥주펍이 있었

기자간담회에 참석한 한덕수 국무총리 [출처: 아주경제]

다. 게스트하우스 이용자에게 무료로 맥주 2병을 마실 수 있는 쿠폰을 제공했다. 밴드가 연주하는 신나는 음악과 시끌벅적한 분위기를 상상했다. 여행지에서의 특별한 만남도 기대했지만 펍의 손님이라곤 필자 한 사람뿐이었다. 미혼인 30대 중반 남자가 저녁에 대화할 사람이 게스트하우스 사장님 밖에 없다니. 사실 시끄러운 곳보다는 조용하고 고즈넉한 곳을 선호하기 때문에 당시의 제주는 필자에게 더할 나위 없이 좋은 힐링 장소였다. 하지만 매출이 떨어져 투잡을 하고 있다는 사장님의 말에 솔직함을 드러낼 수 없었다.

한국 관광시장은 중국 의존도가 높다. 그러나 양국 간 이데올로기의 격차를 해소하기 위해서는 국민 간 교류가 활성화돼야 한다. 그 첫 번째는 관광이다. 실제로 중국인 단체 관광객은 관광업계에서 '큰 손'이다. 코로나 이전인 2019년 기준 중국인 관광객은 약 600만 명에 달한다. 전체 방한 관광객(약 1750만 명)의 30%를 정도를 차지했다. 코로나 이후 중국인 관광객이 감소하자 명동, 홍대, 동대문 등 서울 주요 상권은 침체기를 겪었다. 항상 유커들로 붐비던 이곳이 그렇게 썰렁할 수가 없었다.

관광은 국가 간 상호 신뢰를 토대로 이뤄진다. 한중 외교관계가 살얼음판을 걸으면 가장 큰 피해를 보는 것은 관광업계다. 1992년 한중수교 후 한국을 방문하는 중국인 관광객 숫자는 2016년 800만 명을 넘어섰다. 이처럼 한한령 이전까지만 해도 중국인 관광객은 중국 방문 한국관광객의 두 배였다. 그러나 사드분쟁·코로나 펜데믹 후 한국을 찾은 중국인은 20만 명에 불과했다.

1년간 중국 내 금융시장 신뢰도는 곤두박질쳤다. 중국 경제 성장의 동력인 부동산 경기침체가 장기화되고 있다. 물가하락 우려도 갈수록 커지고 있다. 세계 대부분 나라들이 인프레이션을 걱정하는 시기 중국만 유독 디플레이션이 본격화되는 모습이다. 중국인들은 현재 돈이 없다. 돈이 많은 중국인들도 해외에 나가면 소비를 줄이는 실정이다.

5.

이제 중국에 손을 내밀 때다

2022년 2월 중국 정부가 코로나19로 막혔던 단체 관광을 허용한다고 밝혔을 때 한국, 미국, 일본은 허용 대상국에 포함되지 않았다. 코로나19 유행에 따른 비자 발급 제한에 대한 보복성 조치였다. 중국은 단체 관광 승인의 조건으로 정부의 중국인 코로나19 유전자증폭(PCR) 검사 해제를 제시했다. 당시 외교부 출입 기자였던 나는 즉시 주한중국대사관 측에 전화를 걸었다. 대사관 관계자는 "PCR 검사가 해제되지 않은 상황에선 단체 관광객을 보내는 것은 어렵지 않을까 싶습니다"고 말하면서 "코로나 검사를 비롯해 격리 조치가 해제되는 게 먼저입니다"라고 답했다.

앞서 정부는 중국 내에서 일어나는 코로나19 확산을 고려해 중국 내 공관에서 외교·공무, 필수적 기업 운영 등의 목적을 제외한 한국행 단기 비자 발급을 하지 않았다. 또 중국발 입국자에 대한 코로나19 검사 등 방역도 강화했다. 우리는 비자제한 조치가 과학적 방역이라고 한 반면 중국은 상호주의 원칙을 고수하면서 한국인에 대한 단기비자 발급을 제한했다. 필자를 비롯해 출입기자들 대부분이 이를 '비자전쟁'이라고 이름 지었다.

우리는 과학적이고 중국은 비과학적이라는 게 맞는 것일까. 팩트가 궁금했다. 중국은 한 달 전 춘제 연휴를 앞두고 그동안 강력하게 유지하던 '제로 코로나' 정책을 폐기했다. 당시 한 달간 한국을 방문한 중국인 입국자 중 확진자 수는 5.4%에 불과한 수준이었다.

2023년 1월 31일 한덕수 국무총리가 정부 서울청사에서 정례 기자간담회를 열었을 때 이 점에 대해 질문했다. 이에 한 총리는 과학적 검증에 따라서 해제 중지 여부를 검토한다고 말했다. 정부는 중국의 코로나19 확산세가 안정화 단계로 접어든 것으로 판단했다. 언론을 포함해 국민 모두가 양국 관광산업의 활성화를 기대했다. 결국 중국인에 대한 단기 비자 발급은 같은 해 2월 11일부터 재개했다. 두 달여 후 중국은 해외 입국자에 한해 예외 없이 행하던 PCR검사를 신속항원검사로 대체하면서 관광의 물꼬가 트이기 시작했다.

마침내 2023년 8월 중국은 마침내 한한령을 해제하고 단체관광을 허가했다. 무려 6년 만이다. 그러나 경제적인 문제로 단체관광이 본격화되지는 않고 있다. '전성기'에 비하면 여전히 부족한 수준이다. 개별관광 위주로 트렌드가 변한 것이다. 유커들이 한국에 와서 가장 많이 하는 것은 쇼핑이다. 하지만 전처럼 대규모로 소비를 하던 시기는 지났다.

한국관광은 중국뿐만 아니라 내국인마저도 외면하고 있다. 올해 설 연휴를 맞아 상당수가 가까운 일본이나 동남아시아 관광지로 여행을 떠났다. 반면 외국인들의 국내 관광은 이에 한참 못미치는 수준이다. 그도 그럴 것이 일본 엔화가 유례없는 환율로 값싸지면서 국내보다는 일본을 선택하는 관광객이 많아졌다. 한국 관광산업을 먹여 살렸던 유커들의 마음을 돌리기도 사실상 어려워 보인다. 유커들로 북적였던 명동 거리는 이제 일본인과 동남아 관광객이 점령한 상태다.

중국의 경기침체는 최대 교역국인 한국경제에도 부정적인 영향을 미칠 게 분명하다. 장기적인 대책 마련이 시급하다. 비단 경제 문제뿐이랴. 국민 간 상호 인식의 격차도 점점 커지고 있다. 관광이 비활성화 되는 점은 둘째 치고 양국에서 고조된 반중, 혐한 정서를 어떻게 해소시킬 지도 고민해야 할 것이다. 이제는 중국에 손을 뻗을 때다. 사라진 유커들을 돌려올 때다. 중국인들의 마음을 다시 돌려올 때다.

三国演义中的中国与我们的烦恼

郑年佑《亚洲经济新闻》时政部记者

我是在上小学时接触到三国演义的，从那时起，三国演义就一直伴随着我的生活。直到现在，只要有关于三国演义的电视剧或电影，我都会去看。对我来说，中国就是三国英雄们生活的舞台。文化内容对国与国之间的关系和人们对彼此的看法有很大影响。

自 1992 年建交以来，两国关系得到了全面发展。然而，自萨德危机以来，中韩关系在许多方面都受到了影响。因此，两国的人员交流受到了诸多限制。

两国之间最广泛的人员交流是通过旅游业进行的。旅游业是建立在国家间互信基础上的。当中韩关系如履薄冰时，受影响最大的就是旅游业。1992年中韩建交后，2016年赴韩旅游的中国游客突破

800万人次。在赴韩团体出境游消失之前，中国游客是韩国游客的两倍，但在萨德争端和冠状病毒大流行之后，赴韩旅游的中国人只有20万。

这还不是唯一的问题：韩中之间的相互认知差距也在拉大。除了旅游业的低迷，我们还需要思考如何解决两国日益高涨的反华和反韩情绪。

媒体是一个国家人民的代表渠道，具有代表人民心声的重要功能。除媒体自身的努力外，两国政府应加强战略沟通与合作，为媒体提供有利的环境和基础设施，使其报道更加客观。是时候向中国伸出援手了。

PART
2

예민하고 부담되는 현안들, 그리고 우리의 인식

敏感和难以承受的问题, 以及我们的看法

〈환구시보〉의 상업성과 애국주의

박진범 KBS 시사교양1국 PD

보통 중국인보다 중국의 더 많은 곳을 다녔다는 사람. 특히 4년간 살았던 베이징의 문화유산에 관심이 많다는데 중국은 공부하면 할수록 더욱 모르겠다고 투덜거리는 지중파PD이다. 티베트를 제외한 중국의 33개 성급행정단위를 모두 순례했다. KBS에서 주로 중국 관련 프로그램을 기획, 제작해왔고, 2010년 칭화대에서 저널리즘으로 석사학위를 받은 후 2010년 가을부터 3년간 KBS 베이징PD특파원을 역임했다. 2015년 7부작 다큐멘터리 〈슈퍼차이나〉를 통해서, 미국을 넘어서 세계 1위 경제대국으로 성장하는 중국의 역동적인 면모를 글로벌한 관점에서 조망해 국내외에서 큰 반향을 일으킨 이후, 중국매체가 가장 주목하는 한국방송계 인사 중의 한 사람이 되었다. 1995년 KBS에 입사해 〈추적60분〉, 〈KBS스페셜〉, 〈인물현대사〉, 〈세계는 지금〉, 〈KBS 파노라마〉, 〈부국의 조건〉3부작, 〈슈퍼차이나〉7부작 등을 연출했다. 30년에 가까운 프로그램 제작으로 국무총리표창, '이달의 좋은프로그램상', 'KBS우수프로그램상' 등을 다수 수상했다. 2022년 6월부터는 정통 국제시사프로그램인 〈특파원보고 세계는 지금〉을 제작하면서, 전세계라는 큰 틀에서 중국을 다시금 관찰하고 있다. 최근에는 중국특파원 출신 언론인들의 네트워크를 통해 계간지 〈한중저널〉을 2019년 가을호를 필두로 2024년 봄호(통권19)까지 발간하고 있으며, 2023년부터는 삼성언론재단의 지원을 받아, '미중관계연구회', '신한기연' 등 언론인연구모임을 주도하고 있다.

比起普通的中国人，去过中国更多的地方。特别是对生活了4年的北京文化很感兴趣。但是却成为了是越学习中国越不懂的知中派PD。除西藏以外，对中国的33个行政省进行了研学。主要在KBS企划制作中国相关节目。2010年在清华大学获得新闻专业硕士学位后，从2010年秋天开始担任KBS北京PD特派员3年。2015年通过7集纪录片《超级中国》，介绍正在逐步超越美国成为世界第一经济大国的快速成长的中国面貌、在国内外引起强烈的反响、成为中国媒体最关注的韩国广播界人士之一。1995 近30年的节目制作获得过“国务总理表彰”、本月好的节目奖”、“KBS优秀节目奖”等。随着2022年6月精通国际时事节目《当今世界》制作,在全世界的大框架中重新观察着中国。最近，中国特派记者媒体人士的网络通过季刊《韩中期刊》2019年秋季号为首,到2024年春季号(序号19)出版。

1.

〈환구시보〉의 BTS때리기

'방탄소년단의 수상소감이 중국팬의 분노를 일으켰다'(防弹少年团获奖言论惹怒中国粉丝)

2020년 10월 12일 보도된 이 기사에서 〈환구시보〉는 BTS가 '코리아소사이어티'가 주관하는 '밴플리트상' (James A. Van Fleet Award)을 수상하면서 밝힌 수상소감에 문제를 제기하고 있다. 기사는 '세계적 아이돌 그룹인 방탄소년단의 정치적 발언이 논란이 되고 있다'(世界级偶像组合防弹少年团的政治发言引起了争议)라고 하면서, 리더인 RM(김남준)의 발언을 문제 삼았다. 〈환구시보〉는 길지 않은 그의 발언 중에서 특히 '양국이 함께 겪은 고난의 역사와 수많은 남녀의 희생을 영원히 기억하겠다'(我们将永远铭记两国共同经历的苦难历史和众多男女的牺牲)를 '정치적 발언'(政治发言)으로 규정했고, 이 발언에 대해 '수많은

防弹少年团获奖言论惹怒中国粉丝

环球时报 2020-10-12 09:07

因争议性言论，韩国男子组合防弹少年团（BTS）11日登上中国微博热搜。

据韩联社报道，因对韩美关系做出贡献，防弹少年团上周获颁"范佛里特奖"后发表得奖感言时，防弹少年团队长金南俊最后总结时称："今年韩国社交协会的晚会意义非凡，因为今年是朝鲜战争爆发70周年。我们会永远铭记两国共同经历的苦难历史，以及无数男女的牺牲。70年后，我们所处的世界比以往更为紧密，许多界线变得模糊。身为国际社会的一员，我们应该建立更深的理解和团结，以变得更幸福。为了追求这个目标，BTS会一直提醒自己范佛里特奖的意义。"

BTS의 밴플리트상 수상소감을 비판한 〈환구시보〉(2020.10.12.)

누리꾼들이 분노했다'(很多中国网民愤怒)라고 덧붙였다.

그러나 이 기사의 문제를 지적하자면, 우선 평범한 수상소감을 순식간에 '정치적 발언'으로 규정해버렸다는 점이다. 필자는 방송사에 근무하면서 연예인을 비롯한 각종 스타들을 가까이서 접할 기회가 많다. 그런데 이들의 특징 중 하나는 양쪽의 주장이 갈라지는 사안에 대해서는 한쪽으로 치우친 행동이나 말은 절대로 하지 않고, 가급적 중립을 표방한다는 것이다. 정치적 사안 또는 논쟁적인 사안에서 어느 쪽으로 서든 반대 쪽을 지지하는 팬들이 대거 이탈하는 결과를 낳는다. 스타들의 팬덤을 유지하고 확장하기 위해서 연예기획사는 스타들의 일거수일투족과 발언 하나하나를 관리하면서 정치적이거나 논쟁적인 사안에 휘말리지 않게 하기 위해 극도로 신경을 쓴다. 이런 측면에서 보면 BTS를 비롯한 스타들은 또 다른 의미에서 굉장히 '정치적'이라고 할 수 있을 것이다.

BTS가 발언한 '양국이 함께 겪은 고난의 역사와 수많은 남녀의 희생을 영원히 기억하겠습니다'는 것은 단지 밴플리트상의 성격에 걸맞는 평범하고 의례적인 수상소감일 뿐이다. 보통의 상식을 가진 사람이라면 누가 보더라도 '중국을 배제하는 정치적 의도'는 발견하기 어렵다. 더구나 BTS를 세계적인 수준을 키워낸 연예기획사 '하이브'가 혹시 실수로라도 중국팬들을 배제시킬 수 있는 발언을 하게 하지 않았을 것이다. 필자가 생각하기에 '함께 겪은 고난의~'발언을 '정치적 발언'으로 규정하는 것이 오히려 더 정치적이다.

우려되는 점은 이러한 기사가 국민들의 여론을 자신들이 생각하는 방향으로 왜곡하고, 양국 국민/민족 정서를 부추겨서 대립적 구도로 만들어간다는 점이다. 이런 자극적인 기사로 〈환구시보〉는 애국주의 독자들을 끌어들이고 또한 이에 반박하는 한국 측의 반응을 이끌어냄으로써 노이즈 마케팅을 이어갈 수는 있겠지만 그 과정에서 양국 국민 사이에 오랫동안 구축되어 온 우호정서가 파괴되고 때로는 외교문제로 비화되어 양국 간에 불필요한 긴장관계를 조성한다.

2.

〈환구시보〉의 애국주의와 상업성

필자는 〈환구시보〉의 이러한 논조가 다분히 의도성이 있다고 본다. 그런데 문제는 '무엇을 위하여 계산되고 의도된 것이냐'인데, 필자는 그것을 '자사의 성장'이나 '수익창출'과 연관되어 있을 것이라 추정한다. 〈환구시보〉는 1993년 〈환구문췌〉(环球文萃)로 창간한 이래 비교적 짧은 역사에도 불구하고 지난 30년간 지속적인 발전을 거듭해 국제분야에서 확실하게 대표매체로 자리 잡았다. 〈환구시보〉의 자극적인 표현이나 기조들은 독자들의 관심을 끌어들임과 동시에 다른 매체들이 받아쓰기에 좋다. 그 결과 〈환구시보〉는 '베이징지역 독자들이 가장 좋아하는 10대 신문', '전국에서 전재율(轉載率)이 가장 높은 10대 신문' 등에 잇따라 선정되었고, 중국 국제항공(China Air)이 선정한 '비행기에서 독자들에게 가장 인기 있

〈환구시보〉 로고

는 신문 1위'에도 올랐다.

특히 한국 관련해서는 일단 던져보는 식의 보도가 많은데 그때마다 양국 국민 사이의 대립을 초래했고, 수많은 양국 언론이 〈환구시보〉의 자극적인 언사를 인용함으로써 매체로서의 존재감을 확실하게 다지게 되었다. 그 결과 중국의 무수한 언론 중에서 〈환구시보〉는 한국인들에게는 비교적 익숙하고 지명도 높은 매체가 되었다.

실제로 〈환구시보〉는 창간이래 이래 급속한 성장을 거듭했다. 2013년 〈환구시보〉 20주년 기념 보도자료에 의하면 창간 초기, 3만 부 발행에서 2013년에는 240만 부로 80배 증가했고, 중국내 인쇄기지가 1곳에서 46개 소로 증가했다. 또한 국제뉴스에 특화된 점 때문인지 중국국제항공을 비롯해 14개 항공사의 항공기에 탑재된다. 이러한 성장을 바탕으로 2007년에는 뉴스포털 '환구망'(huanqiu.com)을, 2009년에는 영문판인 '글로벌타임스(Global Times)'을 출범시켰다. 세계브랜드연구소(World Brand Lab)와 세계경제포럼(WEF)은 '2004년 중국 500대 브랜드'에 〈환구시보〉를 포함시켰고, 2005년 4월에는 중국에서 가장 투자가치가 높은 신문 2위로 선정되기도 했다. 또한 '파이

항왕'(排行网, web.phb123.com)에서 브랜드가치와 입소문 등 여러 가지 지수에 근거하여 빅데이터로 평가한 '2024년 10대 브랜드신문' 중에 4위에 이름을 올렸다. 필자가 보기에는 중국공산당의 제1 기관지인 〈인민일보〉의 자매지인 〈환구시보〉가 '중국공산당선전부' 또는 '국무원 신문판공실'의 지침 못지않게 추종하는 가치는 '상업성'인 듯하다.

3.

총편집인 후시진의 짙은 그림자

〈환구시보〉의 이러한 논조와 성장은 1997년 〈환구문췌〉에서 〈환구시보〉로 이름을 바꿀 때 〈환구시보〉에 합류하여, 2005년부터 2021년까지 16년간 총편집(편집장 or 편집인)으로 재직했던 후시진(胡錫進)의 영향이 절대적이라고 할 수 있다. 〈환구시보〉가 중국에서 최고 권위를 가지는 〈인민일보〉 산하의 반관영언론임에도 불구하고 후시진은 16년간의 총편집 시절에 거친 언사를 해왔다. 그의 이런 표현들에 독자는 늘어나고 조회수는 올라갔다. 바로 〈환구시보〉가 단기간에 비약적인 발전을 하게 된 원인이다.

후시진은 2021년 12월에 공식적으로 〈환구시보〉에서 사직했지만, 그는 여전히 국제문제에 있어 중국 내의 여론 형성에 막강한 영향력을 행사하고 있다. 공식적으로 〈환구시보〉 총편집이라는 직책은 없지

후시진의 웨이보계정

만 그는 그의 이름을 내건 개인 웨이보(微博, 마이크로 블로그)를 운영하면서, 강성논조를 이어가고 있다. 2011년 2월 25일에 시작한 포스팅은 2023년 12월까지 누적 12,500건이 넘는다. 요즘에도 매일 평균 3~4건의 포스팅을 하고 있는데, 그가 글을 올릴 때마다 항상 수백 건의 댓글과 수천 건의 '좋아요'가 기본적으로 따라다닌다. 12월 21일 기준으로 댓글과 '좋아요'의 누적 수량이 1억 1,860만 정도가 된다. 그의 포스팅은 대개 언론보도나 정부기관의 발표문을 언급하면서 자신의 의견을 덧붙이는 형식이 주류이다. 그리고 자신을 1인칭 대명사(我)로 지칭하기보다는 후씨(老虎)라는 3인칭으로 부른다.

그의 웨이보는 VVIPⅡ등급이며 2024년 1월 현재 약 2,490만 명의 팔로워(粉丝)를 보유하고 있다. 그리고 그의 웨이보 첫화면에는 'v지수'가 시사 분야에서 93.71점으로 되어 있고, 그것을 클릭해서 들어가면 후시진의 웨이보가 시사평론 분야에서 2023년 주간(12月11日-12月17日) 1위를 하고 있음을 보여주고 11월 월간 평가에서도 1위를 차지한 것으로 나타났다. 여기서 'v지수'는 웨이보와 같은 SNS플랫폼에서 사용자의 영향력과 활동성을 평가하는 지수로서 사용자가 게시한 콘텐츠, 댓글, '좋아요', 그리고 팔로워 규모 등을 고려하고 여기에 일련의 가중치를 적용해서 계산한 것이다.

지난 2015년 11월부터 후시진은 동영상을 게시하기 시작했다. 당시 '환구망'에서 후시진이 동영상 게시를 시작한 소식을 상세히 소개했다. '환구망'은 '후시진이 토크쇼 '후칸' (胡侃)을 가지고 인터넷여론장으로 돌아왔다' (胡锡进携脱口秀'胡侃'重返互联网舆论场)는 제목의 기사에서 '기왕 여론의 광장에 뛰어든 이상 도망가지 않을 것이다'(既然来了舆论场, 我就不会走)라는 후시진의 발언을 그대로 전하고 있다. 후시진의 동영상 프로그램 제목인 후칸에서 '후'(胡)는 후시진을, '칸'(侃)은 '한담하다'의 뜻이다. 바이두백과사전(百科)에서는 '후칸'(胡侃)을 '조리 없이 말하다'의 뜻이라 소개하고 있는데, 여기서 '후'(胡)는 '근거가 없다'는 뜻이고, '칸'(侃)은 '담론, 분석하고 끝없이 말하다'의 뜻으로 후츠('胡扯')라고도 풀이한다고 한다. 후시진이 동영상 프로그램 이름을 '후칸'(胡侃)으로 정하면서 자신의 성씨와 어딘가에 얽매이지 않고 자유롭게 얘기하고 싶은 심정을 중의적으로 표현한 것으로 보인다.

이러한 후시진의 기조는 중국사회 내에서도 비판받고 있다. '환구망'에서 후시진은 '애국도적'(爱国贼)이라는 단어에 대하여 민감한 반응을 보이며 다음과 같이 격렬하게 비판하고 있다. '누가 이런 말을 지어냈습니까? 이 단어는 인터넷에서 떠돌고 있습니다'(什么人编这么一个臭词儿出来？ 但这个词儿就是在互联网上流传着). '저는 영어, 러시아어, 세르비아어를 이해합니다. 이 세 가지 언어 중 '애국'과 '도적'이라는

후시진의 동영상 프로그램 [출처: '후칸']

단어를 조합해서 쓰는 언어는 하나도 없습니다. '애국도적'(爱国贼)은 중국어에만 있고… 애국도적'은 중국어의 수치입니다!

후시진은 '애국도적'을 '매국노'에 대한 상대개념으로 인식하고 자신이 '애국도적'이라고 몰리는 것을 굉장히 억울해하지만, 필자는 이처럼 중국 내에서도 비판받는 〈환구시보〉의 애국주의와 그 기조는 그 바탕에 깔려 있는 후시진과 상업성으로 인한 것으로 볼 수 있다. 그리고 그것은 특히 한중관계에 있어서 불필요한 오해와 대립을 양산하고 있다.

4.

한중언론인들의 직접 교류 확대가 필요하다

지금은 한중관계가 1992년 수교이래 가장 어려운 때라고 생각한다. 2016년 사드배치 결정으로 진입한 한중관계의 긴 터널은 중국의 보복성 조치들, 중국의 공세적 대외전략과 이에 대한 우리의 대응, 한미일 삼각안보협력에 무게 중심을 둔 현 정부의 외교기조 등으로 인해 그 끝이 보이지 않는다. 악화된 양국 관계에 더해져 미디어시장에서 치열한 경쟁에 직면한 언론이 추구하는 상업성으로 인해 한중관계는 더욱 악화되고 있다. 이 글에서는 주로 〈환구시보〉의 문제점을 지적했지만 사실 한국 언론도 선입견이 가득한 프레임으로 중국을 다루는 경우가 많다. 현재의 중국상황을 정확히 반영한다기보다 과거 후진적인 중국의 이미지를 반복한다든지, 객관적인 태도보다 민족적이고 감정으로 이슈에 접근하는 경우가 많다.

이러한 문제를 해결하기 위해 양국 언론인 사이에 직접적인 교류를 확대하는 것이 필요하다. 한중 언론인들이 한자리에 모여 기탄없이 토론하는 자리가 몇 차례 있었지만 필자는 보다 더 지속적인 교류를 가능하게 하는 플랫폼을 만들어야 한다고 생각한다. 즉 양국 언론인이 플랫폼을 통해서 온/오프라인에서 수시로 만나고 서로의 입장을 개진하고 이를 통해 상대를 이해할 수 있는 계기가 만들어져야 할 것이다. 그리고 이러한 교류는 양국의 전현직 주중/주한 특파원들이 중심이 되어야 할 것이다. 전현직 특파원들은 각자가 속한 언론사에서 양국관계에 관련된 리포트/프로그램을 제작할 가능성이 가장 많은 집단이다. 그리고 전현직 특파원들은 그들의 특파원 경험과 전문성을 기초로 양국 관계에 있어서 여론 주도층이 될 수 있다.

필자는 양국 언론인 플랫폼의 사례로 〈한중저널〉을 소개하고자 한다. 〈한중저널〉은 중국특파원 출신 전현직 언론인들이 발간하는 계간지로서 2019년 가을, 한중수교기념일에 창간한 이래 계절별로 발간해서 매년 4차례 나오는데 지금까지 2024봄호(통권 19)까지 출간했다. 〈한중저널〉에는 한국 측 언론인뿐만 아니라, '외국기자의 눈'이라는 코너를 통해 다양한 중국의 기자들이 기고했다. 중국인 기자들이 한국의 매체에 기고하는 것은 그리 흔한 일이 아닐 것이다. 우선 소속사로부터 내부적인 비준을 얻어야 하는데 이것 자체가 쉽지 않다. 하지만 그런 어려움에도 불구하고 그동안 〈인민일보〉, 〈중국신문〉, CCTV, CRI, SMG 등 중국 메이저언론의 현직 특파원들이 〈한중저널〉에 기고해 왔다. 사실 주한중국특파원들은 한국에서 근무하

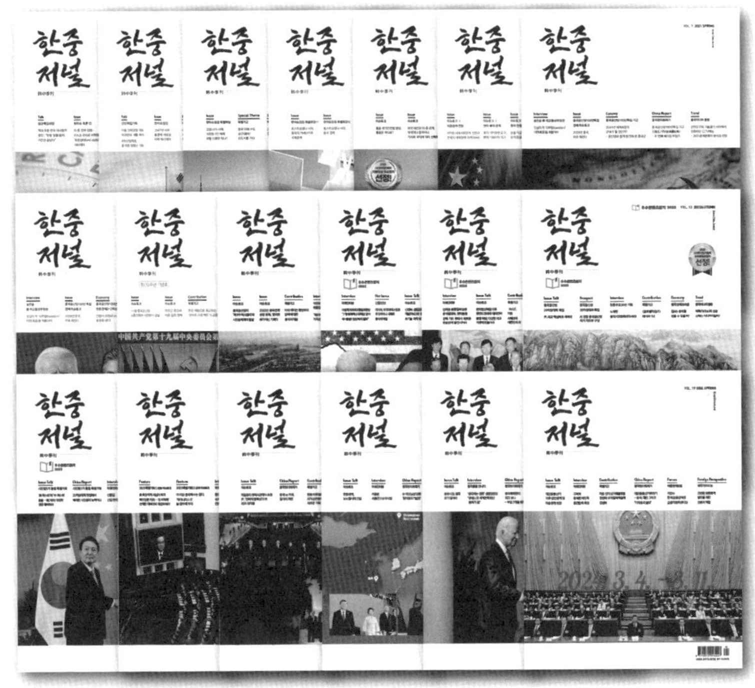

2019년 가을에 창간하여 통권19호까지 발간되고 있는 〈한중저널〉

지만 한국의 기자들이랑 만나서 그들과 생각과 경험을 나누는 기회는 그다지 흔하지 않다. 〈한중저널〉은 한중 양국의 언론인들이 글을 통해 서로 만나는 소통의 장이다. 그들이 쓴 글을 통해서 서로의 생각들을 이해할 수가 있을 뿐 아니라, 크게 〈한중저널〉 이라는 플랫폼의 구성원이라는 생각으로 소속감을 가질 수도 있다. 양국 언론인들이 자신의 생각이나 자국의 입장을 담은 글을 가지고 하나의 플랫폼에서 서로 만나 교류하다 보면 상대방을 더 잘 이해하게 되어 자연스럽게 편협한 애국주의에 빠지는 것을 방지할 수 있을 것이고, 적어도

과도한 애국주의로 빠질 가능성도 줄일 수 있을 것이다.

필자는 〈한중저널〉과 같은 언론인플랫폼과 함께 양국 전현직 특파원들을 상대로 한 '크로스교류' 기제의 수립을 제안하고 싶다. 즉 한국에 있는 전직 주중특파원과 현직 주한중국특파원 사이에 정례적이고 조직적인 교류기제를 만드는 것이다. 그리고 중국에서도 현직 주중한국특파원과 전직 주한특파원을 대상으로 동일한 교류기제를 수립하는 것이다. 이를 통해 양국 전현직 특파원들은 현안에 대한 상시적이고 직접적인 의견교환과 함께 양국의 이익이 충돌하는 부분에 있어서는 열띤 토론을 벌일 수도 있다. 서로 모르는 상태에서 원론적인 입장만 반복하는 것보다, 만나서 상대방의 입장을 듣게 되면 새로운 측면이 보일 수도 있고, 이를 통해 서로 간에 가능한 접점으로 접근할 수도 있을 것이다. 그리고 그런 과정을 통해 생산된 언론보도는 양국 국민들의 공감도 이끌어내면서 한중관계가 보다 건설적이고 발전적인 단계로 나아갈 수 있게 할 것이다.

5.

미래 한중관계의 르네상스를 위해

물론 한중의 다른 체제에 기인한 양국 언론의 기능과 언론인 역할에 있어서의 차이점은 언론인 교류 자체의 효용성에 대하여 의구심을 낳을 수 있다. 즉 사회주의국가와 자본주의국가의 언론관 또는 언론의 기능이 근본적으로 다르기 때문에 실질적인 언론인 교류에는 어려움이 있다. 하지만 한중관계에 미치는 언론의 지대한 영향력을 생각할 때 그냥 손 놓고 있을 수만은 없다. 그리고 개혁개방 이후 중국사회가 큰 변화를 겪어 왔듯이 중국의 언론과 언론인도 점점 변화하고 있다.

필자는 중국 언론인들과 비교적 자주 교류하는 편인데, 그들 중에는 MZ세대가 많고 유연한 사고를 가지고 있는 경우가 많다. 필자는 그들의 사고나 행동에서 한국의 MZ세대와의 차이를 별로 느끼지 못할 때도 있다. 또한 〈환구시보〉가 생산하는 한국에 대한 편견과 몰이해가 가득한 기사들은 주한특파원 또는 전직 주한특파원에게서 나오는 경우는 별로 없다. 대개 중국 내의 기자들, 한국경험이 없는 기자들에 의해 작성되는 것이 대부분이다. 비교적 주니어로서 한국에 와 있는 주한중국특파원과의 지속적인 교류를 통해서 그들이 한국에 대한 정확한 인식을 하게 하는 것이 중요하다. 장기적으로 이들이 본사로 돌아가 요직으로 올라갈 때에 소속 매체의 논조에도 영향을 끼칠 수가 있을 것이기 때문이다.

한중관계 긴 터널의 끝은 현재로서는 보이지 않는다. 당분간 암흑 속에서 앞을 향해 계속 달려나가야 한다. 이런 때일수록 양국관계는 더욱 내실을 다지는 시기가 되어야 할 것이다. 양국의 언론인들은 차분히 과거를 돌아보고 '과도한 애국주의'나 '상업성' 등이 한중관계에 미치는 영향을 돌아봐야 할 것이다. 그리고 조화롭고 협력적인 양국관계를 위한 양국 언론인 교류의 장치나 시스템 구축 등으로 또다시 돌아올 한중관계의 르네상스를 대비해야 할 것이다.

《环球时报》的商业性和爱国主义

朴晋范 KBS时事局编导

中韩两国由于体制不同，媒体的功能和记者的角色也存在差异，这可能会让人对记者交流的效果产生怀疑。换句话说，社会主义国家和资本主义国家媒体功能的根本差异，使得记者交流难以落到实处。然而，鉴于媒体对中韩关系的重要影响，我们不可能保持沉默。改革开放以来，中国社会发生了重大变化，中国的媒体和记者也在发生变化。

我和中国记者交流比较多，他们中很多人都是MZ一代，思维比较灵活。有时我看不出他们的思维和行为与韩国的MZ一代有什么不同。此外，《环球时报》对韩国的偏见和误解很少来自其驻韩记者或前驻韩记者。这些文章通常是由驻华记者撰写的，其中许多人没有在韩国采访的经验。重要的是要继续与资历相对较浅的中国驻韩记者交流，使他们对韩国有一个准确的认识。从长远来看，当他们回到自己的总部并晋升到更高职位时，他们将能够影响自己媒体的报道。

韩中关系的隧道尽头仍未看到曙光。目前，我们只能继续在黑暗中前行。现在应该是加强双边关系的时候。两国记者应冷静反思过去，警惕“过度爱国主义”和”商业主义”对中韩关系的影响。同时也要为双边关系的复兴做好准备，建立两国记者交流的机制和制度，促进双边关系的和谐与合作。

我建议建立两国前任和现任记者的“交叉交流”机制，以及《韩中季刊》这样的记者平台，即现任中国驻韩记者和前任韩国驻华记者之间定期、有组织的交流。在中国，也应为前任中国驻韩记者与现任韩国驻华记者建立同样的制度。这样，两国的前任和现任记者就可以定期就时事问题直接交换意见，也可以就两国利益冲突的领域展开激烈的讨论。比起在不了解对方的情况下反复强调原则性立场，与对方直接见面并听取对方见解可能会观察到新的方面，并发掘出可能的切入点。通过这一过程产生的媒体报道也会引起两国人民的共鸣，有助于双边关系迈向更具建设性的高级阶段。

항미원조(抗美援朝) 영화의 장르화 일고(一考)

박만원 매일경제신문 논설위원

중학교를 다니던 1980년대 김용의 소설과 주윤발의 영화를 통해 홍콩 대중문화에 처음 관심을 갖게됐다. 중국과 홍콩이 일국양제(一國兩制)라는 사실을 대학생이 되어 중국 근현대사 수업을 통해 알게 되었다. 2000년 매일경제신문에 입사해 기자가 된 뒤 첫 휴가를 상하이로 간 것도, 입사 10년만에 얻은 장기연수를 중국 연길에서 한 것도, 베이징에서 3년간 특파원으로 근무한 것도 모두 중국과 이어진 인연의 끈 때문이라고 생각한다. 예전과 달라진 중국에 안타까울 때도 있지만, 중국이 계속 발전할 것이라는 믿음은 변하지 않았다. 코로나19 팬데믹 이후 중국을 방문하지 못했지만, 언젠가 중국 서부를 장기간 탐사하며 취재하겠다는 계획을 갖고 있다.

1980年代初中的时候通过金庸的小说和周润发的电影，首次对香港大众文化产生了兴趣。大学期间通过中国近现代史课程了解到中国对香港一国两制的事实。2000年进入每日经济新闻担任记者后的第一次休假前往了上海；入社10年才可以申请的长期进修前往了中国延吉；在北京3年的特派员工作等,都是因为与中国有着缘分。虽然也有对中国感到遗憾的地方，但是相信中国会继续发展的信念却没有改变。现在新冠大流行之后没能访问中国，但是希望有机会对中国西部进行长期的学习和采访。

1.

영화 〈장진호〉에서 비롯된 항미원조 영화의 장르화

백발이 성성한 중국 노인들이 관광버스에 올라 서울여행을 시작한다. 여행가이드가 반갑게 인사하며 "서울에 대해 소개를 드리겠습니다"라고 하는 순간 노인들이 크게 웃으며 저마다 한마디씩 쏟아낸다. "아가씨, 우리는 서울이 처음이 아니야. 60년전에 와봤다구" "그때는 여권도 필요없었지" "그냥 홍기를 들고 내려왔어…"

지난 2016년 중국에서 개봉한 영화 '나의 전쟁'의 한 장면이다. 가이드를 어리둥절하게 만든 이들의 정체는 북한을 도와 6·25전쟁에 참전했던 중국 인민해방군 문화선전공작단 노병들이다. 이들의 자랑스러워하는 모습은 분명 내게 큰 충격이었다. "이게 정말 중국군 홍보영상이 아니라 극장에서 개봉한 영화가 맞나?"라는 생각마저 들었다.

당시에는 항미원조(抗美援朝) 영화가 중국 영화계에서 하나의 장르로 자리잡을 거라 예상하지 못했다. 하지만 몇 년 뒤부터 매년 영화성수기마다 6·25전쟁 당시 인민해방군의 활약상을 그린 영화들이 쏟아져 나왔다. 영화 제작과 개봉에 엄격한 검열을 거쳐야하는 중국 영화산업 구조상 이런 주제들의 영화 제작은 공산당과 인민해방군의 후원 없이는 불가능하다.

영화 〈장진호〉

항미원조 영화가 본격적으로 장르화한 것은 2021년 개봉된 영화 〈장진호〉의 성공 이후다. 〈장진호〉는 중국영화 사상 최대규모 제작비와 제작인원이 투입된 영화로 개봉 직후부터 관객동원 기록을 세워 천문학적 제작비의 4배에 달하는 흥행수입을 올렸다.

영화는 1950년 겨울 개마고원 장진호 일대까지 북진했던 미 해병 1사단이 중국 인민해방군 제9병단 소속 7개 사단에 포위돼 전멸 위기에 처했다가 17일만에 포위망을 뚫고 철수한 전투를 배경으로 한다. 영화 속을 관통하는 메시지는 인민해방군이 혹한 속에 치러진 장진호 전투에서 미군을 물리쳐 전쟁의 최종 승리의 토대를 닦았다는 것이다.

영화 〈압록강을 건너다〉

'위대한 항미원조 정신은 오랜 세월이 지나도 더욱 새로워진다'는 엔딩 자막에서 드러나듯 이 영화는 관제 영화다. 인민해방군이 자금을 지원하고 외교부가 장진호 전투의 의미를 선전했다. 중국 외교부 대변인은 장진호전투에 대해 "항미원조 전쟁의 위대한 승리가 중국과 세계에 중대한 의미를 갖는다"고 논평했다.

항미원조 영화는 쉴 새 없이 개봉됐다. 2022년에는 춘제 연휴에 맞춰 3편이 개봉됐다. 〈장진호 수문교〉 〈저격수〉 〈압록강을 건너다〉 등이다. 〈장진호 수문교〉는 장진호 전투 이후 흥남부두를 통해 퇴각하려는 미군과 수송선들에 타격을 입히겠다며 황초령 수문교를 폭파하는 내용이고, 〈저격수〉는 1952년 10월 인민해방군이 미군 7사단, 한국군 2사단과 벌인 저격능선 전투를 소재로 한 영화다. 〈압록강을 건너다〉는 인민해방군 사령관으로 참전한 펑더화이가 초인적인 지휘력을 발휘해 전쟁의 판도를 바꿔놨다고 묘사한다. 2022년 국경절 연휴 성수기에 〈지원군: 영웅출격〉이 개봉했다. 1950년 11월 인민해방군 1개 중대가 미군 2사단과 싸운 '송골봉 전투'를 배경으로 만든 영화다.

2.

항미원조 영화 양산의 배경

항미원조 영화 붐의 원인에 대해서는 3가지 측면에서 해석이 가능하다. 첫째는 미중 패권경쟁이다. 2016년 말 당선된 도널드 트럼프 미국 대통령은 중국에 대해 고율관세를 부과하며 중국의 부상을 억제하기 시작했다. 오바마 행정부 시절부터 미국에 '신형대국관계'를 요구한 중국도 당하고만 있지 않았다. 미국에 경제적 반격조치를 가하는 동시에 국제사회에서 일대일로(一帶一路) 사업을 통해 중국의 영향력을 확대했다. 문화산업차원의 반격은 항미원조 영화였다. 미국의 패권주의에 맞서는 중국의 투쟁을 미화하고, 헐리우드 블록버스터에 대항하는 항미원조 영화는 공산당식 문화선전공작의 더없이 좋은 수단이었다.

둘째는 중국내 정치적 동기다. 중국이 시진핑 국가주석의 영도체제를 강화하고 군 현대화를 추진하는 시점에서 항미원조 영화는 당과 군에 대한 자부심을 이끌어낼 수 있었다. 영웅적 인민해방군이 세계최강 미군에 맞서왔고 당의 영도 덕분이라는 메시지가 자연스레 주입되는 것이다. 어릴 때부터 미디어에 익숙한 10대와 20대일수록 애국주의 성향이 강한 것을 보면 이런 전략이 상당한 효과를 거둔 것으로 볼 수 있다.

영화 〈장진호 수문교〉

셋째는 한중관계의 파열이다. 한중관계가 아주 좋았다면 중국이 한국인들의 반전(反戰) 정서를 자극하는 이런 류의 영화를 제작하는 데 부담을 가졌을 법하지만, 2016년 당시 박근혜정부의 고고도미사일방어체계(THAAD) 배치 결정 이후 한중관계는 우호적인 경로를 이탈해 여전히 회복되지 않고 있다. 미중갈등과 북핵 문제가 지속돼 한중 양국 관계만 밀착할 수 없는 상황이어서 냉기류는 단시간에 걷히기 어려울 전망이다.

3.

한국인들이 항미원조 영화에 불편한 이유

항미원조 영화들은 주된 관객이 중국인이지만, 6·25전쟁 당시 한반도를 배경으로 하기 때문에 한국인들이 민감하게 반응할 수밖에 없다. 중국 나름의 정치적 동기에서 이런 장르를 만들어냈다 치더라도 항미원조 영화는 누가 전쟁의 피해자인지 왜곡한다. 6·25전쟁은 북한의 침공으로 시작됐고 한국인들은 3년간 말로 표현할 수 없는 피해를 입었다. 그런데 중국의 항미원조 소재 영화들은 미국을 악마화하면서 한국인들이 겪은 피해를 외면한다. 영화에서 한국을 직접적으로 표현하지 않고 철저하게 미군과 인민해방군 위주로 전개했다지만, 중국이 한국을 세트장 배경처럼 다룬 것은 한국을 미중 경쟁의 하부구조로 인식하는 것 아닌가 우려하게 된다.

항미원조 영화에 대해 한국인들의 감정이 불편한 이유는 한국이 약소국이었을 때의 가슴 아픈 역사를 상기하기 때문이다. 중국군의 참전으로 인해 남과 북이 영구적으로 분단상태에 놓였다는 게 일반적인 한국인들의 인식이다. 분단의 책임에 대한 논쟁은 역사학자들의 몫으로 남겨둔다 하더라도 중국이 한국인들의 정서를 이해하지 못하는 것은 미래지향적 한중관계에 대해 분명히 마이너스다.

항미원조 영화들을 보면 제작과 흥행 공식이 비슷하다. 공산당과 인민해방군이 영화제작에 필요한 비용과 자원을 직간접적으로 후원하고 인민일보, CCTV 같은 관영매체들이 우호적인 홍보 기사를 보도한다. 지금처럼 미중 패권경쟁이 격화되는 상황에서 한국인들은 한반도가 강대국의 전장으로 전락하는 것을 절대로 받아들이기 어렵다.

관영매체들의 항미원조 영화 홍보는 아직까지 이어지고 있다. 중국 베이징TV는 지난 연말 공식 SNS 채널을 통해 "12월 24일은 핑안예(크리스마스 이브)가 아닌 장진호전투 승리의 날"이라며 "그들의 피와 생명으로 중국이 평안한 밤을 나게했다"고 주장했다. 공산당 기관지 인민일보 인터넷판인 인민망도 당시 지진이 발생한 간쑤성의 한 군인이 아이들에게 "24일은 장진호 승리의 날"이라고 교육하는 장면을 게재했다. 그 뒤 일반 시민들의 SNS계정에도 12월 24일이 핑안예가 아닌 장진호 승리 기념일로 기억돼야 한다는 글이 잇따랐다. 이런 현상은 2021년 〈장진호〉 개봉 이전에는 없던 것으로, 항미원조 영화가 체제 선전에 효과를 내고 있음을 의미한다.

4.

중국관객의 관심이 낮아지는 이유

하지만 비슷한 소재의 영화들이 계속 쏟아지면서 항미원조 영화에 대한 중국 관객들의 관심도 줄어들고 있다. 지난해 가을 개봉한 〈지원군: 영웅출격〉은 흥행에 완전히 실패했다. 관객동원이 부진해 제작비도 건지지 못한 것으로 알려졌다.

천카이거 감독이 〈장진호〉 시리즈에 이어 내놓은 영화로 주목받은 이 영화는 국경절 황금연휴에 맞춰 야심차게 개봉했다. 하지만 개봉 후 일주일간 흥행 수입은 4억3600만 위안으로, 2년 전 비슷한 시기에 개봉했던 〈장진호〉 의 첫 일주일 흥행 수입(30억 위안)과 비교하면 7분의 1 수준에 그쳤다. 이 영화 보다 앞서 개봉한 〈압록강을 건너다〉의 흥행 성적은 더 저조했다. 개봉 후 한 달 동안 1억 위안에도 못 미치는 티켓 판매를 기록했다.

영화 〈지원군: 영웅출격〉

한때 '장진호 신드롬'을 일으킬 정도로 각광받던 항미원조 영화들에 대해 최근 들어 대중들의 관심이 멀어진 이유는 진부한 소재의 영화가 속편처럼 계속되기 때문이다. 인민해방군의 영웅적 활약이 보기 좋더라도 비슷한 대사와 전투신이 반복되면서 관객들의 피로도가 높아진 것이다.

중국이 항미원조전쟁이라 부르는 6·25전쟁이 발발한 지 74년, 휴전협정 체결로부터 71년이 지났다. 중국이 항미원조 영화를 통해 얻고자 했던 효과는 충분히 있었다. 따라서 한중관계에 부정적 영향을 주는 항미원조 영화 양산은 더 없었으면 한다. 또한 그렇게 해야 중국 영화계가 더 글로벌 경쟁력을 가질 수 있다.

5.

한 외국 기자가 생각하는 중국영화의 미래

〈장진호〉시리즈는 〈패왕별희〉로 1993년 칸느영화제 황금종려상을 수상한 명장 천카이거가, 〈저격수〉는 〈붉은 수수밭〉을 통해 중국을 대표하는 감독으로 부상한 장이머우가 연출을 맡았다. 세계적 거장들이 체제선전 영화를 만드는 것은 다른 나라에선 거의 없는 일이다. 중국이 미국과의 경쟁에서 가장 밀리는 것도 소프트파워다. 진정한 대국으로 인정받기 위해선 문화예술이 먼저 인정받아야 한다.

중국 영화계에 항미원조 장르와 함께 체제선전 색채가 강한 장르가 항일전쟁 소재 영화들이다. 최근 수년간 개봉한 영화를 예로 들면, 〈바람의 소리〉 〈800〉 〈공작조〉 등이 대표적이다. 항미원조 영화처럼 중국 공산당과 인민해방군의 영웅적 분투를 그려낸다. 하지만 어느 나라이든지 관제 영화들은 생명력이 길지 못하다. 중국영화의 발전을 위한 근본적인 문제를 고민해야 한다.

우선 국제 영화계에서 중국영화의 위치가 어느정도 되는지 평가해 볼 필요가 있다. 소득수준에 비례해 미디어 소비가 성장하는 중국은 미국에 버금가는 영화시장이다. 하지만 주요 국가 박스오피스에서 중국영화들이 차지하는 비중은 거의 없다시피 하다. 수치로만 따져보면 인도영화보다 낮다. 과거에는 첸카이거, 장이머우, 장저밍과 같은 감독들이 중국영화를 세상에 알리고 높은 평가를 받았지만 최근에는 세계적 명장이라고 부를 만한 감독을 찾아보기 어렵다.

이유는 여러 가지가 있겠지만, 중국내 영화제작은 창의성에 있어 제약을 받는다. 〈서유기〉와 〈손오공〉이 수십 번씩 리메이크되고, 황당한 요괴물 장르가 판치는 것도 검열의 부담이 적기 때문이다. 지난해 부산국제영화제때 방한한 한 홍콩 배우의 발언을 되짚어볼 필요가 있다. “시나리오는 영화 당국의 여러 파트를 거쳐야 하고 정부 지침을 따르지 않으면 제작비를 마련하기도 힘들다. 많은 영화인이 애를 쓰고 있지만 검열이 너무 많다” 검열 제도로 인해 예술성을 극대화하기 어려운데 기획단계에서 정치적 동기가 개입한다면 중국 영화는 중국 안에서만 개봉하는 일이 반복돼 국제적으로 고립될 것이다.

중국정부가 중국 영화계의 창작의욕을 고취하고 국제경쟁력과 소프트파워를 키웠으면 한다. 오늘날 전기차, 스마트폰 등의 분야에서 중국 기업들이 세계적 경쟁력을 갖게 된 것은 개방을 했기 때문이다. 선진 자본과 기술을 흡수해 중국기업들의 역량을 끌어올릴 수 있었다. 영화산업도 마찬가지다. 미국 할리우드는 물론 유럽과 한국영화들에 문호를 낮추고 규제를 풀어줘야 한다. 영화 수입뿐 아니라 제작과 관련해서도 마찬가지다. 중국의 수많은 역사적 사건과 최근 젊은 세대의 꿈과 희망을 소재로 외국의 연출력과 제작기법이 더한다면 중국영화의 경지를 높여줄 수 있다. 과거 홍콩 출신 감독과 배우들이 미국 영화계를 풍성하게 한 것과 같은 효과다.

对于抗美援朝类电影的类型化的思考

朴满元《每日经济》评论员

在缺乏对韩国的理解和考虑的例子中，还要加上当前的抗美援朝电影。继2021 年的《長津湖战役》打破票房纪录之后，去年的《水门桥》和最近的《志愿军:雄兵出击》等以朝鲜战争为题材的电影每年都在上映。然而，这些电影以及对历史事实的争议客观上起到了在韩国煽动反华情绪的效果。韩国人反对像《長津湖》这样的电影有两个原因。首先，这些电影往往歪曲了谁是战争的受害者。鉴于中国的历史状况，对美国的负面看法是可以理解的，但将韩国的受害视为理所当然则是有问题的。其次，即使我们把中国对朝鲜半岛分裂应负的责任留给历史学家去争论，也很难不对中国政府忽视韩国人的情绪和在国内过度宣扬爱国主义的做法感到不舒服。

从另一个角度来说，我认为有必要评估中国电影在国际电影业中的地位。随着传媒消费与收入成正比增长，中国已成为一个与美国不相上下的电影市场。然而，中国电影在主要国家的票房中所占比例很小。过去，陈凯歌、张艺谋等导演曾让中国电影为世界所瞩目，并赢得了极高的赞誉，但近年来，很难再找到一位堪称世界级大师的导演。

因此，中国政府应鼓励中国电影产业的创新精神，提升其国际竞争力和软实力。即使政治色彩褪去，艺术成就也会与日俱增。如今，中国企业在电动汽车和智能手机等领域具有全球竞争力，因为它们已经开放。通过吸收先进的资本和技术，中国企业的实力不断提高。电影业也是如此。我们需要向美国好莱坞以及欧洲和韩国电影敞开大门，放松管制。不仅在电影进口方面，而且在电影制作方面。中国电影可以通过加入外国的导演和制作技术来提高自身的水平，这些技术往往取材于历史事件和年轻一代的梦想与希望。就像过去香港导演和演员丰富了美国电影一样。只有这样，才能在全球范围内具有竞争力。

중국 현장취재의 오해와 진실

신정은 한국경제신문 국제부 기자

중국인민대학 경영학과를 수석 입학했다. 영국 · 스위스 등 유럽에서 1년 남짓 생활하며 견문을 넓혔다. 졸업 후 어릴 적 꿈을 이루기 위해 동아미디어, TV조선 인턴 기자로 일했다. 2014년 경제 매체인 이데일리에 수습기자로 입사했다. 한국경제신문 입사 이후 글로벌마켓부, 산업부 등을 거쳐 2019년 만 30세 최연소 베이징 특파원으로 선발됐다. 중국 대학 출신 첫 베이징 특파원이기도 했다. 중국어를 좀 더 잘한다는 점을 내세워 곳곳을 돌아다니며 현장 취재했다. 리커창 중국 총리가 주재한 국제회의, 한중일 외교장관 회담 등 현장도 보도했다. 자유도 잠시, 2020년 1월 코로나19 사태 최전선에 서게 됐다. 2021년엔 중국 연중 최대 정치 이벤트인 '양회'(兩會) 첫날 한국 매체 중 유일하게 취재허가를 받았다. G2로 떠오른 중국 경제에 대한 관심도 남달랐다. '신정은의 중국기업 탐방기'를 연재했다. 알리바바, 바이두, 텐센트, 화웨이, BYD 등 중국의 굵직한 기업을 찾아 30여 편의 현장 기사를 쓰고 수많은 기업인을 인터뷰했다.

以第一名的成绩考入了中国人民大学经营学系。在英国，瑞士等欧洲生活了一年多，增长了见识。毕业后，为了实现儿时的梦想，曾在东亚媒体、朝鲜电视台担任实习记者。2014年作为实习记者进入经济媒体〈edaily〉。进入韩国经济新闻后，她先后在全球市场部、产业部等部门工作。2019年被选为30岁最年轻的北京特派员，也是第一个毕业于中国大学的北京特派员。以汉语说得更好为由，走遍各地进行了现场采访。报道李克强总理主持的国际会议，韩中日外交部长会议等。自由也只是暂时的，2020年1月站在了新冠疫情事件的最前线。前往首次解除封锁的武汉，采访了实际情况。2021年"两会"的第一天报道了韩国媒体中唯一获得采访许可只剩下管制的现场情况。对于跃升为G2的中国经济的关注也与众不同，连载了《申祯恩的中国企业探访记》。访问过阿里巴巴、百度、腾讯、华为、比亚迪等中国大型企业，写过30多篇现场报道。

1.

우리는 중국을 잘 이해하고 있을까

명실상부한 세계 2위 경제 대국으로 떠오른 중국. 우리는 중국을 잘 이해하고 평가하고 있는 것일까? 중국이 어떻게 G2가 됐는지, 그들이 어떤 경쟁력을 가졌는지 사실 그 속에 있지 않으면 잘 알지 못한다. 인구 14억의 대국이다 보니 그 속에 있다고 할지라도 어쩌면 완전히 이해할 수 없을 수도 있다.

중국은 한국과 지리적으로 가까우면서도 또 가장 멀게 느껴지는 나라다. 한국과 중국은 정치 체제가 다를 뿐 아니라 국가 규모, 언어, 문화, 역사, 민족, 기후 등등 우리와 모든 것이 다르다. 사실 아시아 국가이자 유교권이라는 걸 제외하고 한국과 중국이 공감을 느낄 수 있는 부분은 많지 않다. 그렇다고 서로 모른 채 살 수 없는 것이 현실이다. 중국은 한국의 최대 무역파트너이고, 한국은 중국의 4위 무역

중국을 방문한 강경화 당시 외교부 장관(왼쪽에서 두 번째)와 필자(오른쪽에서 두 번째) [출처: 필자]

2022년 8월 중국 수도 베이징 조어대에서 열린 한중 수교 30주년 기념 리셉션에서 필자 [출처: 필자]

한국언론 최초로 중국 샤오펑이 만든 도심교통항공(UAM)에 탑승하고 있는 필자 [출처: 필자]

국이다. 외교적으로도 양국은 서로에 중요한 역할을 하고 있다. 그래서 우리는 한중 양국을 '옮길 수 없는 이웃'(搬不走的邻居)이라고 표현한다.

언론 환경도 마찬가지다. 서로 다르다는 걸 이해한다면 많은 오해를 줄일 수 있다. 한국은 민주주의 국가이고, 중국은 사회주의 국가이다. 같은 잣대를 놓고 평가할 수 없다. 필자는 베이징 특파원 부임기간 중국과의 다름을, 그리고 그 안의 오해와 진실에 대해 고민하기 시작했다. 그 사례를 크게 3가지로 나눠 보았다.

2.

'신정은의 중국기업 탐방기' 연재

필자는 만 30살 최연소 베이징 특파원으로 2019년 부임했다. 경제지 기자로서의 '소명'이라고 하면 거창하겠지만, 우리 경제에 이바지할 수 있는 기사를 발굴하겠다는 목표가 있었다. 중국이 이렇게 많은 경제 발전을 이뤘는데, 한국은 중국의 많은 기업을 알지 못하고 있기 때문이다.

필자가 경력이 풍부한 다른 특파원들과 비교해 경쟁력으로 내세울 수 있던 건 '체력'이었다. 그래서 중국 곳곳을 누비며 중국 경제 발전 상황에 대해 취재했고, 그 과정에서 알지 못한 중국에 대해 조금이나마 이해할 수 있게 됐다.

운이 좋게 부임 한 달 만에 알리바바그룹의 항저우 본사를 방문했다. 그 이후 '신정은의 중국기업 탐방기'를 연재하기 시작했다. 그동안 중국 기업을 분석했던 기사는 많았지만, 직접 필자가 현장을 가서 보고 그 이야기를 담은 기사가 없었기 때문이다. 3년간 40편 넘는 기사를 내보냈다. 코로나19 팬데믹이 시작되면서 현장취재가 어려워졌지만 많은 기사를 발굴하기 위해 노력한 결과물이다.

중국 기업 취재 과정에서 발생한 에피소드가 많다. 특히 초반 기획 때는 관시(關係·인맥)를 찾아 기업의 정문을 넘어서기 전까지 대부분 문전박대 수준이었다. "당신 매체는 대체 어떤 곳인가요?" "한국 언론 매체가 왜 우리 기업에 관심을 가지나요?" 등등 기업들의 질문이 기억에 남는다. 처음엔 그 질문 자체를 이해할 수 없었다. 중국 기업들은 취재의 '이유'를 먼저 물었다.

중국의 언론 환경을 이해한다면 충분히 가능한 질문이었다. 자칫 언론에 노출되는 것을 걱정한 것이다. 또 필자가 '진짜' 언론인인지에 대한 의문도 있었을 수 있다. 그러니까 이것이 정말 순수한 취재 활동인지 궁금했던 것이다.

공산당은 2014년부터 중국 내 주요 대학 언론학과에 당 선전부 직원을 파견해 고위직을 맡게 하는 등 언론 교육을 강화했고, 2019년부터는 자국 기자들이 5년에 한 번씩 기자증을 갱신할 때마다 사상 검증의 시험을 의무적으로 치르도록 했다. 또 최근에는 신문·방송사에 대한 민간 투자를 금지하기도 했다. 중국 기업인과 관계자 입장에서는 한국 기자 역시 경계했을 수 있다.

이를 이해하고 접근하니 불필요한 오해를 줄일 수 있었다. 연재 기사가 시작된 후 레퍼런스가 쌓이고 나서는 접근이 조금 더 쉬워졌다.

한국언론 최초로 중국 샤오펑이 만든 도심교통항공(UAM)에 탑승하고 있는 필자 [출처: 필자]

필자는 바이두·텐센트·쑤닝 등 중국 대표 IT 기업은 물론 BYD·상하이자동차·베이징자동차 등 자동차 기업, 샤오미·화웨이 등 스마트폰 제조사, 칭다오맥주·시펑주·그린먼데이·장위 등 식료품 기업, 진펑커지 등 신재생 에너지 기업을 모두 방문했다.

특히 중국 3대 IT 기업인 BAT(바이두·알리바바·텐센트)의 본사를 어렵게 섭외해 취재하며 느낀 우리가 그들의 성장을 정면으로 바라보고 성장전략을 배워야 할 때라는 점이다. 14억명 내수시장과 중국 정부의 적극적인 지원을 등에 업기는 했지만, 이들은 그만큼 치열한 경쟁에서 살아남은 생존자이기도 하다.

물론 최근 몇 년 간 중국 당국이 덩치가 커진 플랫폼 기업에 대한 제재를 시작하면서 기업이 위축된 건 사실이다. 하지만 그들이 어떻

2021년 3월 중국 연중 최대 정치 이벤트인 '양회'(兩會) 첫날, 한국 매체 중 유일하게 취재허가를 받고 통제만 남은 현장 상황을 전하는 필자 [출처: 필자]

게 몸집을 키웠는지는 분석해 볼 만한 일이다. BAT는 기업 문화가 젊고 변화에 민감했다. 그리고 더 이상 중국 시장만을 바라보지 않았다.

경제 기사를 쓰면서 어려움은 또 있었다. 바로 데이터다. 중국 내 데이터는 서방국에 비해 부족하고 덜 투명하다. 주요 지표가 발표될 때 중국 통계청인 국가통계국에 의존하지만, 발표 시간이 늦어지거나 바뀌는 경우도 종종 있다. 대표적인 사건으로 2022년 3분기 국내총생산(GDP) 발표는 10월 18일 발표 예정이었으나 하루 전날 돌연 연기됐다. 시진핑 중국 국가주석의 3연임을 결정한 20차 중국 공산당 전국대표대회(당대회)와 20기 중앙위원회 1차 전체 회의(1중전회) 기간이라 시간을 조정한 것으로 보인다. 국가통계국은 당대회가 끝난 뒤인

10월 24일에 홈페이지를 통해 관련 수치를 공개했다.

당시 상황이 이렇다 보니 중국 경제지표 데이터를 가지고 기사를 작성하는 건 한계가 있다. 부족한 데이터를 활용해 경제 기사를 작성하는 요령을 터득해야 했다.

2020년 11월, 한국 매체 처음으로 코로나19 봉쇄가 해제된 우한을 찾아 실상을 취재하는 필자 [출처: 인민문보]

3.

중국이 '김치' 국제표준을 얻었다고? 두 가지 오해

2020년 가을은 '김치' 논란의 시절이었다고 봐도 무관하다. 중국의 김치(파오차이·泡菜)가 국제표준화기구(ISO)로부터 국제표준을 취득했다는 소식이 화제가 되면서다. 거기다 중국 관영매체인 환구시보가 이를 두고 '김치 종주국 한국의 굴욕'이라고 표현했다는 사실이 전해지면서 한국은 폭발했다. 김치는 분명히 한국의 전통 음식인데 어떻게 중국이 국제표준을 얻을 수 있었을까.

우선 이는 크게 두 가지 오해에서 시작됐다. 하나는 이번에 등록된 제품이 김치가 아닌 '파오차이'라는 것이고, 하나는 이걸 '한국의 굴욕'이라고 표현한 건 관영 매체 환구시보가 아니라는 점이다.

먼저 ISO에 등록된 파오차이는 한국의 김치와 다르다. 두산백과에 따르면 파오차이는 쏸차이(酸菜·중국에서 배추를 발효시켜 시큼하게 만든 김치의 일종)의 일종으로 소금, 산초잎, 고추, 물 등을 넣고 끓여서 식힌 후에 바이간얼주(白乾兒酒)를 넣어 즙을 만든다. 여기에 각종 채소를 넣고 밀봉하여 외부 공기와 차단한 후에 발효시키면 특유의 맛을 가진 파오차이가 생겨나는 것이다.

파오차이는 절임 채소를 의미한다. 한국의 김치를 중국어로 번역하면 '파오차이'가 되지만 이것이 우리 전통의 김치만을 의미하는 건 아니다. 한국의 김치는 이미 2001년 국제연합(UN) 국제식량농업기구(FAO) 산하 국제식품규격위원회(CODEX)에서 국제표준으로 정해졌다.

실제 2020년 중국이 ISO에 등록한 문서를 살펴보면 파오 차이(Pao cai)로 명시하면서 '해당 식품 규격이 김치(Kimchi)에 적용되지 않는다'는 내용이 명시되어 있다. 전혀 다른 음식이지만 번역에서 생긴 오해란 의미다.

더군다나 이번에 이를 보도한 건 환구시보가 아니다. 환구시보는 중국 매체 관찰자망이 운영하는 플랫폼인 풍문커뮤니티(風聞区·펑원셔취)라는 곳에 올라온 글을 가져와 자신의 바이두 계정에 올렸다. 일종의 '퍼가요'를 했다. 펑원셔취에는 전문가는 물론 개인도 직접 글을 쓸 수 있다.

이를 일부 한국 매체가 환구시보의 보도로 오해했다. 중국의 최대 포털인 바이두(百度)가 조회수를 높이기 위해 출처를 마지막에 표기하고 있어 이를 분별하기 쉽지 않았던 것으로 보인다.

또한 '김치 종주국의 굴욕'이라는 표현도 이 글을 쓴 작가가 적은 게 아니다. 글을 보면 지난 2017년 한국의 김치 무역에서 수입이 수

출의 10배나 되는 등 한국은 김치 적자국이라는 지적이 있다. 한국이 소비하는 김치 중 수입 비중이 35%인데, 이 중 99%가 중국산이라는 설명도 있다. 그러면서 당시 한국 매체인 연합뉴스가 이 같은 현실을 두고 "김치 종주국의 굴욕"이라고 보도하기도 했다고 전했다.

결국 '김치 종주국의 굴욕'이라는 표현은 한국 매체가 2018년 1월에 쓴 글을 마치 파오차이의 ISO 국제표준 취득 후 보도된 글인 것처럼 인용해 '낚시성' 제목이 된 것이다. 관찰자망은 이 글을 가져오면서 '한국 매체 터지다(炸了)'이라는 제목을 썼고, 환구시보는 '한국 매체 터지다: 김치 종주국 굴욕'이라고 제목을 뽑았다. 환구시보가 어떤 '의도'를 가지고 이 글을 가져온 건지는 그 여부는 아직도 불분명하다.

중국 내에선 이것이 환구시보의 글이 아니라는 걸 누구나 알고 있었다. 중국의 한 언론 관계자는 "각 매체가 바이두 플랫폼에서 블로그 등에서 글을 가져올 수 있어 마치 해당 언론의 기사인 것처럼 헷갈릴 수 있다"며 "문장과 기사에 대한 저작권 의식이 여전히 부족한 것도 문제"라고 설명했다.

당시 한국 매체들이 이런 특성을 이해했다면 문제가 전혀 되지 않을 일이었다. 하지만 그럴 수밖에 없는 건 한국 언론 환경에서는 상상할 수 없는 일이기 때문이다. 언론사가 통신사의 기사를 '구매'한 후 자사의 사이트에 올리는 경우는 있지만, 타 언론사의 기사를 그대로 가져가는 건 있을 수 없는 일이다. 저작권 위반의 소지가 있기 때문이다.

여기에 더해 중국 매체도 변화해야 한다. 매체가 가진 영향력을 고려해서 중국 언론은 함부로 남의 글을 가져오면 안 된다는 책임 의식을 강화해야 될 것이다.

4.

중국의 '반한감정'은 어느 정도?

2022년 베이징 동계 올림픽 편파 판정 논란을 계기로 한국 언론들이 한중 양국 간 네티즌들의 극단적인 반응을 앞다퉈 보도했다. 양국에서 반중정서, 반한정서가 극에 달한 것으로 비추어졌다.

하지만 당시 중국 현지에서는 느껴지는 반한감정은 사드 사태 이후 이미 많이 사라진 상태였다. 중국에서는 한국 문화를 그리워하는 중국인들을 많이 만날 수 있었다. 물론 10년 전만큼 한류 열기가 없는 건 사실이다. 하지만 현지에서 만난 중국인들은 대부분 K팝, K드라마, K영화를 사랑했다. 아직도 우회경로 등을 통해 한국 콘텐츠를 즐기는 중국인이 많다.

또한 중국은 최근 몇 년간 미국 등 서방국과 경쟁하면서 그들을

2022년 베이징 올림픽 개막식에서 필자 [출처: 필자]

적으로 보는 경향이 강해졌다. 중국인들에게 우리가 넘어야 할 경쟁 상대는 '미국'이라는 인식이 강해지면서 한국에 대한 적대감이 줄어든 점도 있다.

2012년 중국인들이 일본에 가졌던 반일, 혐일 감정과도 확연히 다르다. 당시 일본과 중국이 센카쿠열도(중국명 댜오위다오)에 대한 영토 분쟁을 벌이면서 중국 내 반일 감정이 극에 달해 중국 120여 곳의 도시에서 대규모 '반일 시위'가 열리기도 했다. 시위대는 오성홍기를 흔들며 반일 구호를 외쳤고, 일본 공관 앞을 지날 때마다 돌멩이 등을 집어 던졌다.

중국인들이 왜 한국에 대해 이렇게 격한 반응을 보이고 있나 되새겨 보자. 물론 중국인 중에도 한국을 싫어하는 사람도 많다. 중국에서 여론조사가 제대로 이뤄지지 않기 때문에 정확한 비중을 알 순 없지만, 적어도 한국 내 반중 정서만큼은 크지 않다고 본다.

추궈홍 전 주한중국대사와 필자 [출처: 필자]

한국의 반중 정서는 심각한 수준이다. 여론조사기관 퓨리서치센터가 2022년 발표한 보고서에서 한국인의 80%가 '중국에 대해 부정적인 이미지를 갖고 있다'고 응답했다. 역대 최고치다. 그 이유는 다양하다. 사드 갈등과 한한령 등은 한국인에게 큰 충격으로 다가왔다. 중국의 배타적이고 국수주의적인 성향이 강해지면서 외국을 배척하고 있는 것도 사실이다.

한중 양국이 1992년 수교 이후 30여 년간 '경제적 기회' 이상의 가치를 마련하지 못했다는 평가도 나온다. 경제적 이익으로만 다가가는 우호적 감정은 한계를 드러내고 있다. "우리가 돈이 없지, 가오가 없냐"라는 강수연 배우의 말이 떠오른다. 한국인 정서상 돈만 가지고 유지되는 관계는 오래 지속되지 못한다.

한국의 반중 정서를 만든 건 언론의 책임도 있다. 한국이 중국의 부정적인 면을 들추고 더 자극적으로 보도했다는 점을 부인할 순 없다.

추궈훙(邱國洪) 전 주한중국대사는 필자와 만나 "어떤 나라나 비슷하겠지만 네티즌의 반응은 극단적인 편이며 이것이 사회의 모든 여론을 대변하는 것이라고 볼 순 없다"며 "양국 언론이 책임감을 갖고 객관적인 보도를 하는 게 중요하다"고 강조한 바 있다. 한국 내 반중 정서가 커지고 있다는 보도는 중국인들의 반한감정 마저 자극하고 있다.

또한 한국이 미국의 핵심 동맹국으로서 역할을 강화하면서 중국 매체들이 한국에 대한 반감을 만드는 측면도 있다. 중국 매체들이 한국을 한 나라가 아닌 미국의 동맹국으로 부각하고 있기 때문이다. 중국 관영통신 신화사는 2023년 8월 '한미일 캠프 데이비드 회의의 위험한 음모'라는 제목의 정세 분석 기사에서 "미국이 이번 회담을 적극적으로 추진하는 것은 한일 양국과의 작은 울타리를 규합하고 진영 대결을 부추기며 다른 나라의 전략적 안보를 미국식 패권을 지키는 디딤돌로 삼으려는 것"이라며 비난했다. 중국 영문 매체 글로벌타임스는 논평에서 "(한미일) 공동성명은 일본과 한국이 미국을 따라 중국을 중대한 위협이자 경쟁자, 잠재적 적국으로 간주한다는 것을 보여준다"며 "지역의 분열이 임박했다"고 지적했다. 서로를 잠재적 적국으로 표현하는 관행은 양국 관계 개선에 도움이 되지 않는다.

정부의 신중한 대응도 요구된다. 한국의 반중 정서가 고조되는 만큼 양국 정부와 언론의 신중한 태도가 요구된다. 그 이유를 분석하고 개선점을 찾아가는 역할을 할 필요가 있다. 당국과 언론의 말 한마디가 숨어있던 혐한, 반중 감정을 불러일으킬 수 있다.

5.

한중언론, 보도에 더 책임감 가져야

필자는 위 3가지 예시를 들어 한중 언론의 현주소에 대해 고민하고, 3가지 결론을 도출했다. 첫째, 취재 환경이 다르다고 하더라도 한중 언론은 배타적인 관점이 아닌 양국 국민에게 이익을 주는 측면에서 경제 기사 보도를 강화해야 한다. 둘째, 한중 언론의 특성을 이해하고 저작권 인식을 강화해야 한다. 매체가 가진 영향력을 고려해 책임 의식을 강화할 필요가 있다. 셋째, 한중 언론이 양국의 갈등을 완화하고 대중들의 오해를 만들지 않으려면 객관적 보도를 위해 노력해야 한다.

'지피지기(知彼知己)면 백전백승(百戰百勝)'이라고 했다. 중국을 알아야 한국이 중국에서, 그리고 나아가 해외 시장에서 경쟁력을 가질 수 있다. 한중은 경쟁자이면서 중요한 파트너다. 한중 양국의 경제 성장을 위해 언론의 역할이 중요하다.

중국이 우리와 다르다고 해서 가까이 갈 수 없는 것은 아니었다. 취재 환경이 다르다고 하더라도 충분히 그 환경을 이해한다면 불가능한 것도 없었다. 양국 언론이 배타적인 관점이 아닌 양국 국민에게 이익을 주는 측면에서 경제 기사 보도를 강화해야 한다.

시대의 흐름에 따라 매체의 종류가 다양해지고 언론 환경이 급변하고 있다. '가짜 뉴스'가 난무하면서 저널리즘에 대한 고민이 더욱 커지고 있다. 이럴 때일수록 언론이 중심을 잡아야 한다. 한국의 헌법은 제21조 제4항에서 "언론·출판은 타인의 명예나 권리 또는 공중도덕이나 윤리를 침해해서는 안 된다"고 규정하고 있다. 언론의 자유도 무제한은 아니며 이에 대한 책임을 가져야 한다는 의미다. 이런 관점에서 한중 언론은 보도에 있어 더욱 책임감을 갖고 신중해야 한다.

在中国报道的误解与真实

申祯恩《韩国经济新闻》国际部记者

毫无疑问，中国已成为世界第二大经济体。除非身临其境，否则我们并不真正了解中国是如何成为G2的，也不了解他们拥有怎样的竞争力。中国是一个拥有14亿人口的大国，因此即使身在其中，也未必能完全了解它。

在地理位置上，中国既是距离韩国最近的国家，也是距离韩国最远的国家。它们不仅政治体制不同，而且在面积、语言、文化、历史、民族、气候和其他方面也各不相同。事实上，除了同为亚洲人和儒家文化之外，韩国和中国之间并没有太多的共通之处。但是，我们不能生活在对彼此一无所知的状态中。中国是韩国最大的贸易伙伴，韩国是中国第四大贸易伙伴。在外交上，两国对彼此都很重要。因此，我们称中国和韩国为"搬不走的邻居"。

媒体环境也是如此。如果我们了解它们的不同，就能减少许多误解。我们不能用同一个标准来评判中国和韩国。在担任驻北京记者期间，我考虑了这些差异，得出了三个结论。第一，尽管报道环境不同，但中韩媒体应从造福两国人民的角度出发，而不是从排他性的角度出发，加强对经济新闻的报道。第二，了解中韩媒体特点，强化版权意识。鉴于媒体的影响力，有必要加强责任意识。第三，媒体应力求客观报道，缓和两国矛盾，避免误导公众。

因此，随着时间的推移，媒体类型日趋多样化，媒体格局也在迅速变化。"假新闻"的泛滥引发了人们对新闻业的担忧。在这样的时代，媒体必须占据中心位置。《韩国宪法》第 21 条第 4 款规定："新闻和出版不得侵犯他人的荣誉或权利，或公共道德或伦理"。这意味着言论自由不是无限制的，也必须承担责任。从这个角度看，中韩媒体在报道时应更加负责和谨慎。

PART
3

문제해결을 위한 길을 찾다

寻找解决问题的途径

가짜 뉴스와 혐오표현 바로잡기

이석우 파이낸셜뉴스 베이징지국장

1988년 서울신문 수습 28기로 들어와 베이징 특파원으로 1994년 7월부터 1997년 12월까지 일했다. 중국이 톈안먼 위기에서 벗어나 재도약을 하던 시기, 한중 밀월관계 속에서 대우, 삼성, 현대의 적극적인 중국 진출을 취재했다. 또 한편, 티베트와 우루무치 등 소수민족 지역은 물론 상하이, 광저우, 선전 등 연해 지방을 돌면서 세계의 공장으로 발돋움하고 있던 역동적인 제조업 중국의 모습을 목도했다. 그 기간 베이징에서 열린 남북한 쌀 회담을 비롯해 북일 적십자회담, 북미 미사일회담 등 베이징을 배경으로 벌어지던 북한과 주요국들과의 회담을 취재하면서 개혁개방으로 기웃거리던 북한과 주요 국가들의 상호 관계를 체험했다. 주중한국대사관으로 망명한 황장엽 북한 노동당 비서사건, 중국 개혁개방의 총설계사인 덩샤오핑의 사망 등을 베이징 특파원 재임 기간 중에 취재했다. 30년이란 세월을 사이에 둔 뒤, 2023년 12월 초부터 파이낸셜뉴스 이사 겸 대기자 직급의 베이징 지국장으로서, 베이징의 왕징 소호와 왕징의 중심가가 내려다 보이는 곳에서 다시 달라지고 있는 차이나를 실감하면서 취재하고 있다.

1988年进入《首尔新闻》，从1994年7月到1997年12月作为驻北京特派员开展工作。他介绍了大宇、三星和现代汽车在中韩两国关系密切的背景下在中国积极开展业务的情况。前往西藏和乌鲁木齐等少数民族地区以及上海，辗转于广州、深圳等沿海地区，目睹了正在跃升为世界工厂的中国制造业面貌。在此期间，采访了在北京举行的南北大米会谈、朝鲜-日本红十字会谈、朝美导弹会谈等以北京为背景展开的朝鲜和主要国家之间的会谈。也报道了流亡到韩国驻华大使馆的北韩劳动党秘书黄长烨事件。在30年的岁月里，他从2023年12月初担任韩国财经新闻理事兼北京分社长，切身感受着北京望京小湖和望京中心街道再次发生变化的中国。

1.

한중관계와 허위조작정보

소셜네트워크서비스(SNS)를 통한 가짜 뉴스 등 허위 조작 정보의 전파는 사회적인 통합을 저해하고 갈등을 유발시키는 요인으로 전세계의 공통적인 골칫거리가 되고 있다. 무책임한 SNS 발신, 혐오 소식과 가짜 뉴스 전파 등은 국제적으로도 상대 국가에 대한 혐오 감정을 높이고 상호 인식에 왜곡된 영향을 미친다.

SNS를 통한 상대방에 대한 거짓 정보와 뉴스들은 서로 증오의 감정을 확대 재생산하고 상대방 국민들이 거짓 정보를 사실로 인식하게 한다. 그 뒤 잘못된 정보가 바로 고쳐졌다고 하더라도 이미 대중들에게 각인된 정보를 수정하기란 여간 어렵지 않다. 잘못된 정보, 가짜 뉴스들이 정정되더라도 앞서 그러한 정보를 접한 미디어 수용자들은 잘못된 정보와 나쁜 이미지의 인상을 사실로 여기게 된다.

인터넷 공간, SNS의 활용과 네티즌의 이용자가 급증하는 등 비대면 사회가 확산되면서, 인터넷 공간은 또 하나의 삶과 생활, 인식과 교류의 영역으로 확대됐다. SNS 이용자들의 편향 성향(확증 편향) 강화와 대립적 국제관계 추세, 극단주의의 만연 속에서 SNS 상의 조작되고 잘못된 정보 유통은 외교와 국제 관계에서도 악영향을 끼치는 국제적인 발등의 불이자, 현안이 됐다.

한국과 중국 사이에도 이 같은 인터넷, 사이버 공간, SNS 상에서의 현안은 앞으로 양국 관계의 발전과 양국 국민의 우의를 위해서 꼭 해결해야 하는 문제로 대두된 지 오래이다. 한국과 중국 모두 핀테크와 모바일의 급속한 발전 속에서 모바일 뉴스, 인터넷 공간에서의 정보가 일상에서 접하는 뉴스와 정보의 거의 대부분을 차지하고 있다.

양국은 1992년 수교한 뒤 2024년 수교 32주년을 맞는다. 전방위적으로 교류가 확산되고 인적 교류가 많아지면서, 긍정적인 측면과 함께 잘못된 지식과 오해 등도 확산됐다. 한중 간에도 그 동안 SNS와 인터넷 공간에서의 교류 확대는 잘못된 정보의 확산이라는 부작용을 피하지 못했다. 일단 확산되고 나면, 그 부정적인 인식과 생각을 되돌리기 어렵다는 점에서 인터넷 상의 가짜 뉴스와 거짓 정보 문제의 심각성을 높였다. 한중 간에는 정부 간 공식 관계가 악화되기 이전에 인터넷 공간에서의 갈등과 논란들이 두 나라 누리꾼과 국민 감정에 상처를 주는 양상을 보였다.

인터넷 상의 뉴스와 정보들은 실시간 확산되는 그 속보성이란 특

중국SNS 커뮤니티 계보 [출처: 바이두]

성으로 인해 매우 짧은 시간 안에 상대방 국가에 대한 호감을 혐오로, 신뢰를 불신으로 바꾸어 놓는 위력을 지니고 있다.

이런 맥락에서 이 글은 SNS 등 인터넷 상의 한중 간의 허위 조작 정보 및 허위 보도에 대한 실태와 이에 대한 대응 방안을 모색했다. 한중 간에 건강한 인터넷상의 환경 조성의 방안을 모색하고, 실천 방안을 찾으려고 시도했다. 이는 양국의 건설적 관계 진전을 위해서 꼭 필요한 필수조건이 아닐 수 없다. 더 나아가 이런 갈등의 배경에는 무엇이 있는지도 살펴보려고 했다. 한국과 중국은 1992년 수교 이후 10년 동안 급속한 교류 확대 속에서 상대방 국가에 대한 높은 호감도를 기록하며 밀월 관계를 구가했다. 그러나, 수교 32주년을 맞는

2024년 현재 양국 공식 관계도 얼어붙어 있고, 두 나라 국민들의 상호 인식도 사상 최악으로 나빠졌다.

이 같은 두 나라 사이의 관계 악화와 양 국민 간 상호 인식의 악화의 배경에는 이념 갈등과 정치적인 문제도 있었다. 그러나 그에 앞서, 인터넷과 SNS를 통한 가짜 뉴스와 허위 조작 정보의 확산이 여론을 이끄는 역할을 했다.

2.

강릉 단오제

한국이 '강릉 단오제'를 유네스코 세계무형문화유산으로 신청했던 2004년 중국의 정부 관계자들은 한국을 '문화약탈국'으로 묘사했다. 2004년 5월 6일 〈인민일보〉는 중국 문화부 부부장(차관) 저우허핑(周和平)의 말을 인용해 "우리는 무슨 면목으로 조상을 대할 수 있을 것인가"라는 자극적인 헤드라인을 뽑았다. 굴원의 제사 문화를 한국이 훔쳐갔다는 요지의 주장이었다.

이를 중국 언론들은 잇달아 보도하며 오해를 더 확산시켜 나갔다. SNS와 인터넷 공간은 중국 국민과 학생들의 민족주의 감정을 고양했고, 한국을 '중국문화를 빼앗아간 문화침략자'라고 성토하는 자리가 됐다. 한국 측에서는 중국 언론 보도가 과장되고 잘못되었음을 지적했다. 그러나 사실 검증 없이 잘못된 내용은 인터넷과 SNS 등을 타고

마른 초원에 불이 붙듯이 중국 전역과 중국 국민들에게 확산됐다.

단오절은 명칭은 비슷하지만 한중 양국의 단오절의 내용은 크게 다르다. 천년을 이어온 강릉단오제는 독특한 공동체 문화로 융합성과 함께 고유성이 강하다. 한민족 고유의 무속과 유교 문화가 융합되어 발전해왔다. 여기에 한반도의 오월제가 갖고 있는 기복적인 성격이 축제에 고스란히 남아있다. 반면, 중국의 단오는 초나라 때 간신의 모함을 받고 투신자살한 애국시인 굴원의 영혼을 위로하는 제사에서 유래했다.

한국은 강릉단오제를 2005년 유네스코 세계유산으로 등재했다. 당시 중국 학자 중에는 한중 단오 문화가 서로 다르며, 한국이 등재했다고 중국이 등재할 수 없는 게 아니라는 사실을 알리기도 했다. 그러나 한국을 공격하는 굉음 속에 소수의 목소리는 묻혔다. 2009년 9월 중국의 단오절이 유네스코 세계 유산에 등재된 이후에도 중국 정부와 언론은 한국 강릉단오제에 대한 오해가 있었다고 공개적으로 해명하지 않았다.

한국은 문화 약탈국, 베끼는 나라, 남의 문화 유산을 도적질해 갔다는 인상은 지금도 여전히 남아있다. 잘못된 정보가 시정되지 않은 채 확산되고 확대 재생산되면서 생명력을 유지하고 있다. 관련된 당국자와 대표적인 관영매체 인민일보 등은 문제를 확대시켜 놓고도 유야무야 덮어버렸다.

이 사례는 잘못된 정보와 뉴스, 증오를 확대 재생산하는 SNS상 혐오 소식 등은 내용이 잘못됐더라도 일단 인터넷 상에 오르면, 바로

강릉 단오제 [출처: 바이두]

잡기 어려움을 보여준다. 국제관계에 있어서 국내에 비해, 잘못된 정보를 바로잡고, 잘못된 정보를 바로잡을 기회가 적다. 이 갈등 유형은 관계 당국의 잘못된 사실 인식과 발언, 이에 대한 인터넷 공간을 통한 확산 과정에서 사실 확인, 팩트 체크가 제대로 되지 않았다는 특징이 있다.

3.

허위기사를 게재한 중국신문의 공개사과

2008년 7월 여름 한국의 역사학자가 중국혁명의 아버지 쑨원(孫文)이 한국혈통이라는 주장을 했다는 근거 없는 보도가 나와 중국 네티즌 사이에서 반한 감정을 고조시켰다. 광둥성에서 발행되는 신쾌보(新快報)는 당시 최근 한 한국 일간지의 보도라며 인용 보도했다.

이 보도는 소후와 시나 등 중국의 유명 포털사이트의 주요기사로 올랐고 홍콩 문회보에도 이 기사가 그대로 소개됐다. 중국의 포털사이트 텅쉰(騰訊)에는 이 기사가 주요 뉴스로 소개되면서 순식간에 14만 건의 댓글이 붙었다. 중국 최대 검색사이트 바이두에는 "쑨원은 한국인"이라는 기사가 나가자 얼마 있지 않아 8만5천 건의 댓글이 붙었다. 대부분 한국과 한국인을 비난하는 내용이었다.

그러나 한국의 해당 언론사는 이같은 내용을 보도한 적이 없었다. 출처도 다 가짜였다. 하지만 이같은 허위보도를 사실로 믿고 중국 네티즌들은 계속 한국이 또 다시 중국의 문화를 침탈하고 있다며 한국인을 비난하는 댓글을 달았다. 일부 네티즌들은 “한국인들은 모든 것을 다 자신의 것이라고 우긴다”고 주장했고 일부 네티즌은 “한국인은 조작의 귀재”라는 주장들이 이어졌다. 신쾌보는 2007년에도 ‘한중문화 전쟁’이라는 특집기사를 통해 한국이 한자를 세계문화유산으로 등재하려는 움직임을 보이고 있다는 거짓 보도를 내기도 했다.

이런 가짜 뉴스들은 중국 인터넷을 통해 확산되면서 아직도 많은 중국 누리꾼과 국민들사이에 한국을 도저히 이해할 수 없는 ‘문화도둑’으로 여기는 근거가 되고 있다. 이 사례도 사실 확인 없이, 잘못된 사실을 중국의 초대형 포털이라는 매체가 중국 국민들에게 여과 없이 전파시키고 나르고 있음을 보여줬다. 근거 없는 허위조작 기사가 사실인 것처럼 유통된 사례이다. 이를 제도적으로 제어하거나, 걸러내는 장치가 없었다. 중국 대형 포털들의 책임성 문제에 대한 제기가 이뤄져야 한다.

2009년 7월 14일 신화통신에 따르면, 중국 신문출판총서 판공실이 ‘쑨중산(쑨원의 호)도 한국인’이라는 허위기사를 게재한 신쾌보(新快報)에 공개사과, 사실 해명, 관련자 책임추궁 등을 명령했다고 보도했다. 신문출판총서는 “신쾌보 등이 허위보도를 함으로써 사회에 악영향을 주고 매체의 사회적 공신력에 손해를 입혔다”면서 “앞으로 허위사실을 보도하는 매체 종사자는 불량명단(블랙리스트)에 올려 뉴스 취

난진 손중산 동상 [출처: 바이두]

재 및 편집 부분의 종사를 제한할 것"이라고 경고했다. 중국 정부가 해당 허위기사를 보도해 반한 감정을 자극했던 중국 매체에 중국 당국이 공개 사과 명령을 내린 것이다.

신문 총서의 이 같은 조치는 뒤늦었지만 긍정적이다. 그러나 허위 보도가 있은 지 이미 1년이 지난 뒤였다. 조치도 충분하다고는 보이지 않는다. 시정 명령은 상징적인 의미가 있지만, 실질적인 국가의 이미지 개선이나 혐한 감정 치유에는 한계가 있었다. 시정 조치가 너무 늦은 감이 있었고, 재발 방지 대책도 마련되야 했다.

지금도 중국의 대표적인 검색엔진인 바이두 등에 쑨원은 한국인인가라는 문장을 넣으면 여전히 잘못된 주장들이 떠 있다. 주중한국대사관의 부인 성명, 이 기사가 가짜뉴스임을 밝히는 기사들도 함께 올라있다. 그러나 바이두를 이용하는 사람들은 단편적인 주장만 확인할 수 있을 뿐, 무엇이 사실인지를 파악하기 어려운 상태이다.

이 문제는 포털의 책임성과 함께 책임 있는 관계당국의 역할 문제를 제기하게 된다. 과연 다른 나라에 대한 허위 조작 정보에 대한 경각심을 중국 정부가 갖고 있는가. 이를 국내 문제를 대하듯 중요시하는가. 이를 걸러내고 재발을 방지할 제도적 장치를 고민하고 있는가 등의 질문을 해 볼 필요가 있다.

4.

침소봉대가 문제다

2011년 4월 한자의 기원을 둘러싸고 한국인들이 중국 문화를 훔쳐가고 있다는 주장이 확산됐다. 원로 국어학자인 진태하 인제대 석좌교수의 "한자는 우리 조상 동이족이 만든 우리글이며 중국 학계에서도 이런 사실을 인정한다"고 주장했다. 보도가 나가자 중국 〈환구시보〉는 진 교수의 발언을 소개하면서 논쟁을 촉발시켰다.

당시 중국 뉴스사이트 '21CN'은 '중국 문화는 왜 늘 한국에 당하는가'라는 제목의 기사를 통해 비난 기사를 실었다. 21CN은 "한국이 공자와 이백(이태백) 등 유명인의 국적과 활자 인쇄술, 혼천의 발명, 단오절, 중의학, 풍수와 같은 문화유산도 모자라 한자의 소유권에까지 시비를 걸고 있다"고 주장했다.

이어 2011년 9월 관영 인민일보 계열 언론사 〈환구망〉이 “한국에 대해 당신이 호감을 가지기 못하는 이유는 무엇인가”이란 제목의 인터넷 설문조사를 실시하고 ‘한국적인 역사관, 역사 도둑질’이야말로 혐한 감정의 원천이라고 주장했다. 진태하 교수의 문제 제기는 개별 학자의 학술적인 주장이다. 그런데도, 이를 한국 정부나, 한국 국민이 집단적으로 주장하는 듯한 인상을 주는 소식을 확대 재생산했다는 데 문제가 있다. 침소봉대의 전형적인 예다. 사회주의 국가라는 체제에서 정부 입장과 다른, 상반된 견해를 공개적으로 밝히기 어렵다. 이를 공신력있는 매체에서 보도하는 일도 많지 않다. 이런 상황에서 이를 사회적으로 공인받은 대다수의 입장이나 정부의 공식 입장처럼 오해하기 쉽다. 상대방을 자국 국내 상황의 잣대로 이해하는 상호 인식의 차이와 인식의 밑에 깔려있는 이념적 문제에 대한 이해와 대처가 필요함을 보여준다.

위의 주요 사례에서 보았듯이 인터넷 상의 한중 두 나라 국민의 감정을 건드리는 가장 큰 이슈는 문화 종주권 논쟁이었다. 가짜 뉴스의 배경에는 역사 인식을 둘러싼 문화 갈등이 깔려있다. 한중 간의 문화적 유사성이 여러 문화적 유산의 기원에 대한 종주권 주장이나 문화적 원류에 대한 갈등의 원천이 됐다. 중국의 민족주의 및 애국주의가 고취되고 그 열풍 속에서 중국의 누리꾼들이 여러 문화적 유산의 기원 및 절취 주장 등에 더 민감해졌다. 문화유산 강탈 논란, 모방·복제 논란 등이 꼬리를 물고 이어졌다. ‘원조논쟁’은 한의학(중의학), 판소리, 가야금 등에서도 비슷한 상황을 촉발시키면서 한중 문화 갈등의 골을 더 깊게 했다. 인터넷 갈등의 근간에 문화적 갈등과 문화 종주권 다툼이 깔려 있음을 보여준다. 이를 어떻게 대응하고 완화해 나갈 것인지에 대한 전문가, 언론인, 정부 등의 고민과 협력적인 노력이 필요하다. 유사한 역사와 문화적 동질성을 지닌 베트남과 중국 사이에 이 같은 문화적 갈등, 종주권 논쟁이 발생했다는 이야기는 들어보지 못했다는 점도 시사점을 준다.

2024년 봄, 천안문에서 필자
[출처: 필자]

5.

건강한 언론 생태계 조성해야

인터넷 상 가짜 뉴스의 확산과 한중 누리꾼들의 인터넷 공간에서의 충돌의 밑바탕에는 서로의 문화에 대한 무지와 편견, 선입감이 있다. 앞으로도 문화 갈등과 원조 논쟁을 둘러싼 가짜 뉴스와 자극적인 선동 기사들은 한중 간에 악재로 작용할 수 있다.

두 나라가 모두 배타적 민족주의에서 벗어나 호혜적인 마음을 갖고 상대방을 배려해야 한다. 이를 어떻게 제도화할 지에 대해 한중의 지혜를 모아 나가야 할 때이다. 호혜적 발전 관계에 대한 신념과 이를 지속적으로 유지해 나가기 위한 노력의 필수조건이다. 이를 위해 한중 간에 상호 인터넷 환경의 건강한 생태계를 어떻게 구축해 나가고 제도화할지 고민해야 한다. 인플루언서 등 네티즌들의 파괴력과 인터넷 공간의 확대 속에서 한국과 중국 간에 건강한 미디어 환경을 조성하고 긍정적으로 상호 이해 심화를 위해 활용하는 방안에 대해서 머리를 맞대야 한다.

이를 위해 아래의 제언을 한다. 첫째, 한중 간에 거짓 허위 조작 정보 등 가짜 뉴스에 대한 팩트체크 사업을 마련하고 제도화해야 한다. 두 나라가 공동 민간기구 같은 것을 만들어 가짜 뉴스와 허위 조작 정보를 체크하고 전문가, 언론인들을 모아 팩트체크를 진행해서 공개하는 공동의 장을 만들어 나간다. 이를 위한 공동 플랫폼 구성도 제안한다.

둘째, 팩트 체크와 함께 한중이 양국의 뉴스 보도와 정보 유통과 관련된 허위조작정보 예방 교육 체계를 구축해야 한다.

셋째, 두 나라 언론사들간의 협력 및 소통도 강화해야 한다. 함께 캠페인을 벌이고, 각급 팩트체크 회의의 공동 개최도 필요하다. 허위 조작 정보 대응 및 공동 노력을 확대해 나가야 한다.

넷째, 네티즌들의 각성과 연대 노력이 있어야 한다. 관련 언론 단체 및 언론관련 비정부기구(NGO)조직들의 협력을 통한 팩트체크 및 교육사업 등을 전개할 수 있다.

다섯째, 미디어리터러시 교육을 확산해야 한다. 인터넷 상의 정보를 다루는 교육이다. 미디어 전반에 대한 이해와 역할에 대해 사회교육을 확대한다. 두 나라가 기금 등을 만들어서 추진할 수 있다. 미디어리터러시 교육은 인터넷 공간의 확산, 미디어를 생산해 내는 1인 미디어의 확산 등으로 건강한 인터넷 환경의 생태계 조성을 위한 첫

걸음이다.

여섯째, 대형 포털과 인터넷 기업들의 자정 노력을 해야 한다. 상호 비방과 혐오를 확대 재생산을 차단하고 자정하는 역할이 중요성을 강조할 필요도 없다. 미국과 유럽에서는 가짜 뉴스 및 혐오 발언, 허위 조작 정보의 의심이 있는 내용은 차단하도록 했다. 다양한 방법으로 이를 제도화하고 언론의 자유를 제약하지 않는 범위 안에서 한중 양국의 포털의 책임성을 강화하는 노력과 고민이 필요하다.

应对假新闻和仇恨言论

李锡遇《韩国财经新闻》北京分社长

对彼此文化的无知、偏见和先入为主的观念是假新闻在互联网上传播以及中韩受众在网络空间发生冲突的根源。未来，围绕文化冲突和起源辩论的假新闻和煽动性报道将继续成为两国关系紧张的根源。

两国都需要摆脱排他性的民族主义，变得更加互惠互利、相互体谅。现在是两国集思广益、探讨如何将其制度化的时候了。相信互惠互利的发展关系并努力维持这种关系至关重要。为此，中韩两国应考虑如何建立一个健康的互联环境生态系统，并使之制度化。在网红等网络群体的破坏力和互联网空间的扩张中，我们需要思考如何在中韩之间营造健康的媒体环境，并积极利用它来加深相互理解。

为此, 我提出以下建议。首先, 中韩两国应建立假新闻 (包括虚假和捏造信息) 事实核查项目, 并使之制度化。两国可以联合成立一个民间组织, 专门负责查证假新闻和虚假捏造信息, 召集专家和记者进行事实查证, 并将其公之于众。为此可以建立一个联合平台。

其次, 在开展事实核查的同时, 两国应扩大和建立相关的预防项目, 如在两国新闻报道和信息流通中开展预防虚假信息的教育。第三, 两国媒体机构应加强合作与交流。两国媒体应共同开展宣传活动, 联合举办各级事实核查比赛。我们应扩大打击虚假和被操纵信息的联合行动。第四, 网民需要觉醒和团结。可以通过相关媒体组织和媒体相关非政府组织的合作, 开展事实核查和教育项目。

第五, 扩大和普及媒介素养教育。这是一种针对互联网信息的教育。应扩大社会教育, 使人们普遍了解媒体的作用。两国可以设立一个基金来推动这项工作。媒介素养教育是为互联网环境创造健康生态系统的第一步, 包括互联网空间的扩散和生产传媒内容的自媒体的扩散。

第六, 需要大型门户网站和互联网公司自发努力。它们在制止相互诋毁和仇恨传播以及自律方面的重要作用怎么强调都不为过。在美国和欧洲, 假新闻、仇恨言论和涉嫌捏造的信息都会被屏蔽。两国应致力于在不限制言论自由的前提下, 以多种方式将其制度化, 并加强门户网站的问责制。

항저우 아시안게임에서 한중언론의 가능성을 보다

이승호 중앙일보 국제부 기자

연세대학교에서 사학(동양사)/신문방송학을 전공하고 2009년 중앙일보에 입사해 국제부, 사회부, 경제부 등에서 일했다. '지대물박' 기조 속에 수천 년간 천하를 주름잡은 중국, 170년 전 아편전쟁의 상처와 '죽의 장막' 에서 방황했던 중국, 돈을 벌기 위해 '세계의 공장'을 자처했던 중국, 미국과 경쟁하며 '세계 최강국'을 꿈꾸는 중국. 이 모두를 살펴야 중국을 제대로 알 수 있다고 생각한다. 2009~2011년 국제부에서 밀월관계였던 한중관계, 2020년 중국을 전담해 관찰하는 부서인 차이나랩에서 한한령 이후 악화된 한중관계를 지켜봤다. 코로나19가 직격한 중국 사회의 변화상도 목도했다. 현재도 국제부에 근무하며 중국의 변화상을 살펴보고 있다. 반도체 · 인공지능(AI) 등을 비롯한 중국의 기술 굴기에 특히 관심이 많다.

在延世大学专攻史学(东洋史)/新闻广播学。2009年进入中央日报，在国际部、社会部、经济部等部门工作。在"地大物博"基调下，数千年占据主导地位的中国；170年前在鸦片战争的创伤和"竹幕"中彷徨的中国；为赚钱而自称是"世界工厂"的中国；与美国竞争，梦想成为"世界最强国"的中国，认为只有观察这一切才能真正了解中国。2009~2011年在国际部看到蜜月期的韩中关系，2020年看到限韩令之后恶化的韩中关系。还目睹了被疫情直接影响的中国社会变化。目前仍在国际部工作，观察中国的变化情况。特别关注半导体、人工智能(AI)等中国的技术崛起。

1.

짜깁기 영상이 촉발한 댓글 테러

2023년 10월 1일 중국 항저우 빈장 체육관에선 태극기를 든 관중들의 환호가 울려퍼졌다. 이날 열린 항저우 아시안게임 배드민턴 여자 단체전 결승에서 한국 대표팀이 중국을 매치 스코어 3대 0으로 이겼기 때문이다. 1994년 히로시마 대회 이후 29년만의 금메달이었다. 특히 마지막 단식 경기에서 이기며 우승을 확정지은 한국의 김가은 선수가 주목 받았다. 세계랭킹 18위인 김 선수가 5위인 중국 허빙자오 선수를 세트 스코어 2대 0으로 무너뜨리는 이변을 일으켰다.

하지만 며칠 뒤 김 선수는 다른 일로 유명세를 탔다. 김 선수의 소셜미디어에 중국 네티즌들이 대거 몰려와 댓글 테러를 가해서다. "무례하다", "자격이 없다"는 등 격앙된 욕설 댓글이 수없이 달렸다. 김

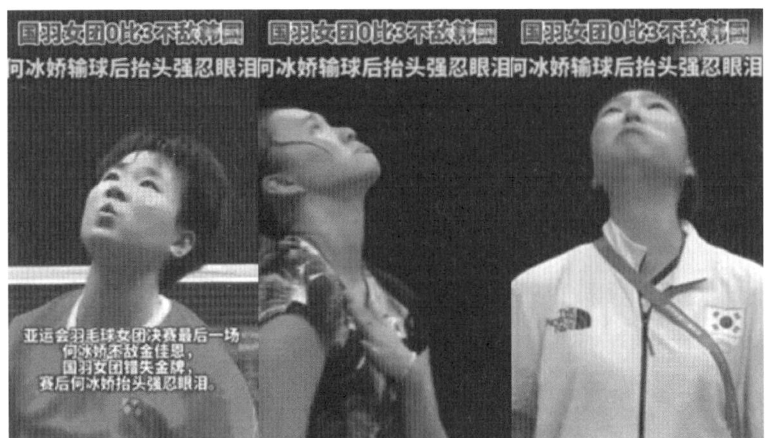

2023년 10월 항저우아시안게임 여자 베드민턴 단체전 결승전에서 한국 대표팀의 김가은(가운데)과 성지현 코치(오른쪽)가 중국 대표팀의 허빙자오(왼쪽)를 조롱했다며 중국 네티즌들이 짜깁기해 올린 영상 [출처: 웨이보]

선수는 무차별적인 욕설에 댓글 기능을 제한하기까지 했다. 단체전 다음에 열린 여자 단식 경기에 출전한 김 선수에게도 중국 관중들이 많은 야유를 보냈다.

대체 무슨 일 때문에 중국인들이 화가 난 것일까. 이른바 '조롱 세리머니'를 김 선수가 했다는 이유였다. 단체전 결승 당시 패배하고 아쉬워하고 있는 허빙자오 선수의 표정을 김가은 선수가 모욕적으로 따라했다는 게 중국인들의 주장이다.

근거는 중국 온라인상에 퍼진 한 영상이었다. 해당 영상에선 허빙자오와 김가은, 성지현 한국 대표팀 코치가 등장한다. 허빙자오가 하늘을 보며 아쉬움을 삼키고 있는 장면 직후 김가은과 성 코치가 웃으며 하늘을 쳐다보는 장면이 이어진다. 마치 김가은과 성 코치가 허빙자오의 표정을 보고 우스꽝스럽게 따라 하며 조롱하는 듯하게 보인다. 중국 네티즌이 "무례하다" "자질이 없는 행동" "역겹다" "스포츠맨십이 없나" "욕을 먹어야 한다"는 등의 댓글 테러를 김가은 선수에게 한 이유다.

하지만 이는 사실이 아니다. 실제 경기 중계 영상에선 허빙자오가 아쉬워하는 순간과 김가은과 성 코치가 하늘을 보는 순간에 시간 차이가 크다. 승리가 확정되자 한국 선수단은 일제히 코트로 나와 부둥켜안고 기쁨을 나눴다. 허빙자오는 허탈한 표정을 짓는 당시에 한국 대표팀을 등지고 있었다. 동시에 김가은도 당시엔 동료들과 어깨동무하며 우승 세리머니를 하고 있었다. 동료들과 단체로 기쁨을 나누는 바람에 바빠 보이는 것은 물론, 뒤돌아 서있는 허빙자오의 표정을 볼 수 없어 보인다. 영상 속에서 김가은이 지어 보였던 표정은 그 다음에 나온다. 성 코치와 장난스럽게 대화하는 과정에서 나온 것이었다. 우승하더라도 울지 않기로 약속했는데 성 코치가 눈물을 보이자 김가은이 왜 우냐는 취지로 흉내를 내는 제스처를 취한 것이다.

김선수도 인터뷰에서 "허빙자오는 제가 굉장히 좋아하는 선수다. 경기할 때 슬라이딩하거나 넘어지면 승패와 상관없이 서로 괜찮냐고 물어보며 지내온 선수였다"면서 "악의적인 영상 때문에 서로 불편해지지 않았으면 좋겠다"는 말을 전했다. 허빙자오 선수도 중국 대표팀에 있는 트레이너를 통해 '오해하지 않고 있다'는 뜻을 김 선수에게 전했다.

2.

그래도 베이징 동계올림픽과는 달랐다

이 같은 소식을 들은 직후 또 우려하던 일이 벌어졌다고 많은 이들이 우려했다. 지난 2022년 베이징 동계올림픽이 떠올랐기 때문이다. 당시 한국과 중국 네티즌은 온라인 상에서 대규모 설전(舌戰)을 벌였다. 중국 네티즌은 한국의 한 스피드스케이팅 선수가 메달 수여식에서 시상대를 손으로 쓰는 듯한 행동을 한 것을 두고 악플을 쏟아냈다. 한국 네티즌도 개막식에서 중국 조선족 대표로 한복을 입은 여성이 출연한 것과 대회 중의 편파판정 논란에 대해 '눈 뜨고 코 베이징' 이란 조롱섞인 말을 내뱉었다.

1년 6개월여 만에 중국에서 다시 개최되는 국제 스포츠 행사에서 다시 양국 간 갈등이 고조될 수 있다는 걱정을 하던 차에 김가은 선수에 대한 논란이 터진 거였다. 그럼에도 이번엔 과거와는 다르게 전개되었다. 논란이 촉발되고 조금 지나자 중국 언론에서 사실 확인에 나서는 움직임을 보였다. 한국 언론을 통해 김가은 선수의 해명이 나오자 중국 언론에선 이를 인용해 보도하는 모습이 나타나기 시작했다. 경기 현장에 있던 한 중국 기자가 SNS를 통해 김가은 선수의 해명이 맞다고 이야기하는 경우도 있었다.

물론 그럼에도 "그 해명을 믿을 것 같으냐" "눈과 미세한 표정은 거짓말하지 못한다"며 부정적 의견을 이어가는 중국 네티즌의 여전한 댓글도 있었다. 하지만 중국 언론 내에서 사실 검증 없는 일방적인 주장만 도배되던 과거 상황과는 다르다는 느낌을 강하게 받았다. 과거와 달리 중국 언론이 한국 관련 사안에서 최대한 객관적으로 보도하려고 노력한다는 인상을 받았다.

베이징 동계올림픽 때와 달리 편파판정 논란도 거의 없었다. 이번 아시안게임에선 각 종목별로 한국과 중국이 결승·준결승 등 중요 경기에서 맞붙는 일이 많았다. 하지만 배드민턴 여자 단체전처럼 한국이 중국의 홈그라운드에서 중국을 꺾고 금메달을 따는 일도 자주 연출됐다. 판정을 놓고 논란이 되는 일도 거의 없었다. 자연스레 한국 언론에서도 중국의 편파 판정과 관련한 뉴스도 나오지 않았다.

정치적인 해석을 낳는 논란 섞인 이슈도 없었다. 1년 반 전 베이징에선 개막식 조선족 한복 입장, 한국 선수의 선수촌 음식 부실 지적 등의 상황이 많았지만 이번엔 그런 사안이 거의 보이지 않았다. 자연스레 한국에서도 갈등을 유발할 수 있는 기사의 종류가 많지 않았다.

오히려 김가은 선수 논란과 정반대의 상황이 연출됐다. 2023년 9월 30일에 있었던 탁구 혼합복식 시상식에선 한국의 장우진-전지희, 임종훈-신유빈 조가 나란히 동메달을 얻어 시상대에 섰다. 장우진은 당시 전지희의 목 뒤로 메달 끈이 접혀 있는 것을 보고 바로 잡아주었는데 이 모습이 전광판에 잡히자 중국 관중은 탄성과 함께 박수를 쳤다. 두 선수는 뜻밖 환호에 쑥스러운 미소를 지었다.

이어 임종훈과 신유빈이 시상대에 오른 뒤 둘은 약속한 듯 볼에 손을 올려 하트 모양을 만드는 세레모니를 했다. 임종훈은 장우진을 흉내 내듯 신유빈의 옷깃을 정리해줬다. 관중석에서는 또 다시 박수와 환호가 터졌다. 한국 선수들이 시상식 중 보여준 이 모습은 영상으로 만들어져 중국 SNS에 퍼졌다. 중국 네티즌들은 "로맨스 영화 같다" "드라마의 한 장면" "마음이 따뜻해진다"는 등의 댓글을 달며 크게 호응했다.

왜 2022년 2월 베이징과 2023년 10월 항저우에선 다른 분위기로 대회가 치러졌을까. 다양한 가능성이 있지만, 기자가 생각한 건 급변하는 국제정세 속에서 한국과 중국의 관계 역시 몇년 전과 달라졌다는 점이었다.

사실 한중관계가 급격히 악화된 것은 2016년이다. 한국 정부의 사드(THAAD·고고도 미사일방어체계) 배치로 중국 정부가 '한한령'(限韓令)을 발동한 이후부터이다. 한국 정부에 속았다고 여긴 중국은 강력한 제재 조치를 벌였고, 자연스레 한국 내에선 중국에 대한 인상이 급격하게 나빠졌다. 중국 내에서도 한국에 대한 부정적 여론이 고조됐다.

7년여가 지난 지금은 어떤가. 여전히 한중관계는 좋지 않다. 하지만 당시와 같은 극단적 갈등 상황에선 벗어나 있는 것이 느껴진다. 대한상공회의소와 중국국제경제교류센터(CCIEE)는 2023년 12월 20일 서울에서 '한중 기업인 및 전직 정부 고위인사 대화'를 개최했다. 한국과 중국을 대표하는 기업인들이 4년 만에 오프라인으로 다시 만난 것이다. 일정은 불확실하지만 한중일 정상회의 개최에 대해서도 물밑에서 긴밀히 진행되고 있다.

기자는 이런 변화는 결국 더욱 심화된 미중 갈등 상황 때문이라 생각한다. 미국이 벌이는 촘촘한 제재의 칼날이 힘겨운 중국으로선 국제사회에서 우군(友軍)을 확보하는 일이 가장 중요한 것이 되어 버렸다. 과거처럼 한한령을 내세우며 강압적인 태도로 한국 '길들이기'에 나서기엔 한국의 전략적 중요성이 너무 커져 버렸다.

한국도 마찬가지다. 지리적으로 인접한데다 여전히 경제적으로 강하게 연계된 중국을 내치고 동맹국인 미국만 바라보는 건 쉽지 않다. 북한, 대만 등 국가 안보를 위협하는 문제들에 대비하기 위해서라도 중국과 대화의 창을 열어놔야 한다. 기자는 이러한 양국의 사정이 그대로 반영돼 나타난 것이 항저우 아시안 게임이라고 본다.

3.

탕후루·푸바오에 열광하는 한국 MZ세대

한국과 중국 국민들 간의 감정의 골이 깊은 것 같지만, 실상을 조금만 들여다 보면 양국 사람들은 서로에 대한 관심이 매우 크다. 가장 혐중·혐한 감정이 심하다는 한국의 MZ세대와 중국의 주링허우(90년대 九零後)·링링허우(2000년대 零零後) 출생 세대가 특히 그렇다.

한국부터 살펴보자. 최근 한국 젊은이들 사이에서 가장 큰 인기를 끈 음식은 단연코 탕후루다. 탕후루는 산사나무 열매를 막대에 꽂아 설탕·물엿을 끓인 시럽을 바른 중국의 길거리 음식이다. 한국에선 주로 딸기·귤·거봉·샤인머스캣·방울토마토·블루베리·체리 등을 막대에 꽂아 먹는다. 시럽으로 코팅된 겉면을 씹을 때 바삭거리는 식감이 매력으로 꼽힌다.

과일에 설탕 코팅을 입힌 탕후루 [출처: 위키피디아]

MZ세대에겐 빨강, 주황, 초록 등 다양한 색상으로 장식된 탕후루는 한눈에 보기에도 예쁘고, 씹을 때 아삭한 소리를 내는 매우 '재미있는' 간식거리다. 홍대와 명동 등 젊은이들이 많이 가는 곳에선 탕후루 가게가 즐비하다. 나아가 집에서 탕후루 만드는 방법, 탕후루 디저트 코스 등도 온라인 상에서 화제가 됐다.

몇년 전부터 화제가 된 마라탕의 인기도 여전하다. '얼얼한 맛'이라는 뜻의 마라(麻辣)탕은 중국 쓰촨지역에서 시작된 요리로, 고추·산초·초피나무 열매·팔각·정향 등 여러 향신료가 들어간다. 특유의 매운맛에 고기·채소·해산물 등을 먹을 수 있어 인기가 높다.

탕후루의 달달함과 마라탕의 매운맛을 한꺼번에 맛본다는 '마라탕후'(마라탕 식사 후 탕후루)란 말은 초등학생들에게까지 퍼질 정도다. 한

한국에서 태어난 자이언트 판다 푸바오는 2024년 4월 중국으로 반환됐다. [출처: 에버랜드]

국 배달앱 요기요가 선정한 2023년 고객에 가장 많은 사랑을 받은 '신규 배달 인기 메뉴' 1·2위는 탕후루와 마라탕이다.

경기 용인 에버랜드에 있었던 판다의 인기도 만만치 않다. 중국이란 단어에 얼굴을 찌푸리다가도 '푸바오', '아이바오', '러바오' 얘기엔 미소를 짓는 이가 상당히 많다. 판다 가족의 일상을 담은 SNS에선 물 마시는 모습일 뿐인데도 조회수가 300만, 잠 자는 모습에도 500만 회를 기록할 정도다. 톱스타만 받는다는 '생일 광고'도 서울·경기도 지하철 역사에 걸렸다. 이른바 슈퍼 아이돌급 인기다.

여기에 여배우 탕웨이는 지난 2022년 개봉한 박찬욱 감독의 영화 〈헤어질 결심〉에 주인공 서래 역으로 열연을 펼치며 한국 영화제에서 주요 상을 휩쓸고, 대중적으로도 큰 인기를 모았다.

4.

페이커 보러 한국 달려온 중국 청년들

중국인들 역시 다르지 않다. 항저우 아시안게임에서 처음으로 정식종목으로 채택된 e스포츠에선 반한 감정은 어디에서도 찾아볼 수 없다. 당시 리그오브레전드(LoL) 경기에서 한국 대표팀 경기 입장권은 일찌감치 매진됐다. LoL 경기 입장권 가격이 아시안게임 경기 중 가장 비싼 400~1000위안(약 7만3000원~18만3000원)에 이르렀음에도 그랬다. 한국 대표팀 소속인 '페이커' 이상혁이 경기장에 등장할 때마다 중국 팬들의 환호와 함성은 이어졌다. 준결승전에서 한국 대표팀이 중국을 꺾었음에도 중국 온라인상에선 별다른 잡음이 없었다.

한 달 뒤인 2023년 11월에 한국에서 개최된 '롤드컵' 대회엔 경기를 관람하려는 중국 관객들의 입국이 이어졌다. 롤드컵은 게임 LoL

2023년 9월 22일 e스포츠 국가대표 '페이커' 이상혁의 팬들이 중국 항저우 샤오산 국제공항에서 꽃다발을 들고 기다리고 있다. [출처: 연합뉴스]

개발사인 라이엇게임즈가 직접 개최하는 e스포츠 대회의 별명이다. 정식 명칭은 '리그오브레전드 월드 챔피언십'으로 매년 각국 리그를 제패한 최강의 팀들이 모여 승부를 겨룬다.

또한 최근 중국에선 '루피'가 인기다. 루피는 한국 애니메이션 '뽀롱뽀롱 뽀로로'에 나오는 분홍색 비버 캐릭터다. 최근 들어 다양한 표정을 짓는 루피 캐릭터는 중국 인터넷에 자주 등장하며 큰 인기를 얻고 있다. 분홍색 귀여운 외모, 과장된 자세, 괴이하고 기묘한 표정을 한 루피를 통해 중국의 링링허우는 자신의 감정과 성격을 표현하고 있다. 2023년 5월 샤오훙수(小紅書·중국 SNS 플랫폼)에 개설된 공식 계정인 'ZANMANG LOOPY'엔 12월 현재 443만 명 이상의 팔로워를 갖고 있다. 각 게시물 아래 좋아요도 수천 개가 달린다. 이런 인기에 힘입어 2023년 12월 8일부터 2024년 1월 21일까지 중국 상하이 정안(静安)에 있는 조이시티(大悦城)에선 잔망 루피의 팝업 스토어가 열리고 있다.

이처럼 양국 10~20대들은 "또 중국이 중국했다" "한국 제품 좋아하면 매국노"라는 험악한 말을 주고받지만, 한꺼풀만 벗기면 서로에 대한 관심이 매우 크다는 것을 알 수 있다. 부정적인 인식만이 가득한 양국 관계 전망에서 희망이 보이는 대목이다.

5.

한중언론, 클릭유발기사 자제해야

사실 한중관계가 향후 긍정적인 방향으로 흘러만 갈 것이라고 확언할 수 없다. 무엇보다 향후 양국 관계 전망에 불확실성을 높이는 중요한 요소 중 하나가 있다. 바로 언론이다.

분명 김가은 선수 논란의 확산 과정은 최근 양국 온라인 뉴스 유통의 취약성을 보여준 일이다. 한 1인 미디어 중국 네티즌이 짜깁기 영상을 만들어 올렸다. 이에 대해 중국 네티즌들이 큰 반응을 보이자, 사실 확인 없이 많은 중국 언론이 그대로 속보성 기사를 쏟아냈다. 그리고 이는 다시 중국 온라인 상에 더 크게 화제가 된다. 이를 본 많은 중국 네티즌들은 바로 김가은 선수 SNS로 향해 댓글 폭탄을 쏟아냈다. 해당 영상의 실제 사실 여부는 더이상 중요한 것이 아니게 된다.

사실 이러한 구도는 한국도 크게 다르지 않다. 주목도가 높은 이슈에 대해선 검증 없는 기사가 포털 뉴스 상에 대량 생산되는 일이 여전하다. 특히 '클릭률'이 높다고 여기는 분야에서 그런 경향이 더 강하다. 대표적인 것이 중국이다. '반중 프레임'은 한국 언론계에서 잘 먹히는 아이템으로 통용되는 것이 사실이다. 양국 사이에 강하게 형성된 네티즌 간 적대적 감정을 이용한 움직임이다.

중국 내에서 사실 확인 없이 김가은 선수 논란에 대해 여론이 급격히 퍼진 것처럼, 한국 내에서도 중국의 행태에 대한 검증 없는 보도가 확산되는 일이 많았다. 이에 대해 양국 네티즌이 상대국의 행태에 대해 강하게 분노를 표출하는 일이 잦았다. 이런 악순환은 양국 간 네티즌의 혐중·혐한 감정을 부추겼다. 한중 언론이 양국의 갈등 상황을 악화시킨 불씨가 돼 왔음을 부인하기 어려운 이유다. 김가은 선수 논란과 같은 일이 앞으로도 발생하지 않을 것이라고 단언할 수 없다.

스스로에게도 반문하지 않을 수 없었다. 2023년 10월 25일 글로벌 전략협력연구원 주최로 열린 한중언론대화에 참석했을 당시 중국 기자들이 한 지적 중 가장 기억에 남는 건 "왜 한국 언론은 중국 관련 기사를 쓰는데 서구 매체의 통계를 그대로 인용해 쓰느냐" 였다. 오랫동안 국제부 기자로 활동해 온 기자로서도 이 지적에 쉽게 반박하기가 어려웠다.

물론 이유는 있다. 중국 관련 통계는 다른 서방 국가에 비해 구하기가 쉽지 않다. 체제의 특성으로 인해 어렵게 구한 통계에 대해서도 불신이 있는 것이 사실이다.

하지만 이러한 현실에도 불구하고 서방 언론이 보도한 기사에 대해선 무비판적으로 수용한 것은 아닌지. 쉽진 않겠지만 중국 언론이나 기관을 통한 크로스 체크를 하려는 노력을 게을리한 건 아닐까. 이러한 원칙을 제대로 지키지 않는다면 결국 내가 쓰는 기사도 앞서 말한 양국 언론에서 쏟아내는 '클릭유발기사' 와 크게 다르지 않을 것이다.

중국 측도 반성할 부분이 있다. 최근 윤민우 가천대 경찰안보학과 교수 연구팀은 네이버에서 중국이 조직적으로 벌이는 댓글 공작을 분석했다. 해당 댓글들은 주로 중국 우월주의나 한국 비하에 초점을 맞췄다. 지역·세대·남녀 갈등을 부각하는 글도 다수 발견됐다.

양국이 공식적으로 외교 관계를 맺은 지도 이제 30년이 넘는다. 그 사이 양국 시민들의 서로를 바라보는 마음도 변화를 겪어왔다. 앞으로의 30년은 어떻게 바뀔 것인가. 양국 관계의 현 국면을 바꿀 수 있는 다양한 열쇠 중엔 언론도 한 자리를 차지할 것이다. 양국 언론의 끊임없는 노력이 필요하다는 걸 다시 한번 강조하고 싶다.

韩中媒体应克制单纯诱导点击的新闻

李丞浩《中央日报》国际部记者

事实上，并不能保证中韩关系会继续朝着积极的方向发展。有一个重要因素给双边关系的未来前景增添了不确定性。这就是媒体。

当然，最近羽毛球选手金佳恩风波的传播过程显示了两国间网络新闻传播的脆弱性。自媒体制作并上传了一段小品视频。中国网民对该视频反应强烈，许多中国媒体未经事实核实就发布了爆炸性新闻报道，进而成为中国网上的一个大话题。许多中国网民立即在该运动员的社交媒体账户上发表评论，对她进行炮轰。视频的真假已经不重要了。

事实上，在韩国也是如此。对于关注度高的热点问题，没有经过验证的报道在门户网站上大量生产的情况仍然存在。特别是在被认为“点击率”高的领域，这种倾向更强。中国就是一个典型的例子。“反华框架”是韩国媒体的热门话题。它利用了两国网民之间的敌对情绪。

正如“金佳恩风波”未经核实就在中国迅速传播一样，韩国国内也出现了很多有关中国的未经验证的报道。作为回应，两国网民往往对对方的行为表示强烈愤怒。这种恶性循环助长了两国网民的仇恨和猜疑情绪。不可否认，韩国和中国媒体在加剧两国冲突中起到了一定的作用。谁也不能保证金佳恩风波今后不再发生。

中韩两国正式建交已有 30 多年。在此期间，两国人民看待对方的方式发生了变化。在改变现状的各种关键因素中，我认为媒体也占据一席之地。我想再次强调，两国媒体需要不懈努力。

역지사지(易地思之)로 보는 한중관계의 미래

유지영 서울신문 국제부 기자

2003년 스포츠서울에 입사해 사회부와 기획취재부, 사내벤처팀 등을 거쳤다. 2006년 일부 인터넷 커뮤니티에서 고급 커피를 과시하듯 즐기며 분수에 맞지 않는 소비를 일삼는 여성을 '된장녀'로 칭하며 조리돌림하는 현상을 최초 보도해 '된장녀 신드롬'을 일으켰다. 2007년부터 서울신문으로 옮겨 활동하고 있다. 산업부 시절 국내 브랜드가 중국 시장 곳곳을 장악한 모습을 지켜보며 '한국 천하'가 영원할 것으로 믿었다. 코로나19 대유행으로 전 세계가 '바이러스와 전쟁'을 치르던 2020년 9월 베이징 특파원이 돼 중국에 들어왔다. 1인당 국내총생산(GDP) 1만 달러를 돌파해 샤오캉 사회(먹고 사는 문제가 해결된 단계)로 진입하는 '중국의 영광'을 목도했다. 반면 미중 갈등 심화와 '코로나19 책임론' 등으로 중국이 국제사회에서 신뢰를 잃어가는 상황도 살펴봤다. 무엇보다 현지 업체들의 성장으로 가전과 스마트폰, 전기차 분야에서 한국 제품이 설 자리를 잃어버린 현실에서 안타까움을 느꼈다. '세계의 공장'에서 '세계의 시장'으로, '미국의 친구'에서 '미국의 경쟁자'로 변모하는 중국을 지켜보며 2023년 9월 귀국했다. 지금도 중국 담당 기자로 라오바이싱(老百姓 · 서민)의 소박한 삶을 애정어린 시선으로 바라보고 있다.

2003年进入〈首尔体育报〉后，先后在社会调查部、企划采访部、公司内风险投资组等部门工作。从2007年开始在〈首尔新闻〉工作。在产业部时期，看着韩国品牌风靡中国市场各处的情景，他相信“韩国天下”将永远存在。由于新冠大流行，全世界都在与病毒展开“战争”的2020年9月，作为北京特派员前往中国。目睹了人均GDP达到1万美元，进入小康社会的“中国的光荣”。相反，让人遗憾的是，由于当地企业的青睐，韩国产品在家电、智能手机、电动汽车领域失去了立足之地。看着从“世界工厂”转变为“世界市场”、从“美国的朋友”转变为“美国的竞争对手”的中国，他于2023年9月回国。至今仍是中国担当记者，用爱心的眼光看待老百姓的朴素生活。

1.

'김치의 유래는 中 파오차이?' 김치 기원 논란

서울신문 특파원으로 발령받아 중국에서 2020년 9월부터 만 3년을 보냈다. 필자는 베이징 특파원 재임기간에 직접 경험한 여러 논란을 되짚어보고 양국 언론의 나아갈 길을 모색해 보고자 한다. 수교 30주년을 넘어선 한중관계가 더 나은 미래로 발전하기 바라는 마음에서다. 한중 간 네 개의 논란을 논하고자 한다.

가장 먼저는 특파원 임무를 위해 베이징에 오자마자 김치의 '기원'을 두고 논란이 불거졌다. 김치가 외국에서 유래한 음식이라고 한 번도 생각한 적이 없던 터라 충격이 컸다.

2020년 11월 중국 쓰촨성은 절임채소식품 '파오차이'(泡菜)를 국제표준화기구(ISO) 표준에 맞춰 제정했는데, 이를 두고 중국 관영매체

왼쪽, 배추김치 담그는 영상을 올리면서 '중국음식'이라는 해시태그를 달아 논란이 된 중국 유튜버 리쯔치(李子柒) [출처: 유튜브]
오른쪽, 중국 유튜버 리쯔치(李子柒)가 김치를 담그는 모습 [출처: 유튜브]

환구시보가 "파오차이 산업표준이 김치산업의 국제표준이 됐다"고 대서특필하며 이를 "김치 종주국 한국의 굴욕"으로 규정했다. 중국 파오차이가 한국 김치를 이기고 '오리지널'로 인정받았다는 속내다.

파오차이는 소금과 향신료를 넣고 끓인 물에 채소를 넣어 절인 식품으로 서양의 피클과 비슷하다. 가격이 저렴하고 구하기 쉬워 필자도 반찬으로 즐겨 먹었다. 다만 제조과정이나 발효방식, 맛 등에서 김치와의 유사성은 크지 않다.

그래서 파오차이의 ISO 규격에도 '해당 표준은 김치에 적용되지 않는다'(This document does not apply to Kimchi)는 문구가 첨부돼 있었다. 환구시보가 이를 제대로 확인하지 못하고 오보를 낸 것이다. 이렇게 김치 논란은 단순 해프닝으로 마무리되는 듯했다.

그런데 2021년부터 뜻밖의 일들이 벌어졌다. 중국 유명 유튜버 리쯔치가 자신의 채널에 김치를 조리하는 영상을 올리며 'Chinese

Cuisine'(중국 요리), 'Chinese Food'(중국 음식)라고 해시태그를 달았다. 장쥔 유엔 주재 중국대사도 자신의 소셜미디어에 "겨울을 다채롭고 즐겁게 보낼 수 있는 방법"이라며 김치를 담그는 사진을 올렸다. 중국에서 김치를 먹는 이들을 거의 보지 못했기에 이들 콘텐츠가 무척 낯설게 느껴졌다.

과거 중국에서 김치는 '조선족이나 먹는 반찬' 정도로 여겨졌지만, 한중 수교 이후 교류가 늘면서 위상이 바뀌었다. 우리나라에서 훠궈와 마라탕, 탕후루가 대중화된 것처럼 중국에서도 김치는 대표적인 '한국 음식'으로 알려졌다.

채소절임식품은 겨울이 긴 기후대 국가에 보편적으로 존재한다. 한국의 김치와 중국의 파오차이, 일본 쯔께모노(漬物), 독일 사우어크라우트(Sauerkraut) 등이 대표적이다. 채소절임 문화가 어느 한 곳에서 개발돼 전 세계로 퍼졌을 수도 있고, 각 지역에서 동시다발적으로 나왔을 수도 있다.

김치의 기원 논란이 불거지게 된 가장 큰 원인은 아마도 중국에서 김치가 파오차이로 번역돼 쓰이기 때문일 것이다. 실제로 중국 최대 포털사이트 바이두에서도 김치를 '파오차이의 한 종류'로 설명한다. 김치가 언제부터 파오차이로 불렸는지 정확히 알려져 있지 않지만, 한중 수교 이후 우리 기업들이 김치를 수출하거나 수입하는 과정에서 중국인들이 쉽게 이해할 수 있도록 '한국 파오차이'(韓國泡菜)로 쓴 것이 굳어졌다는 이야기가 있다.

2.

'윤동주는 한국인? 중국인?' 국적 논란

'한국인이 가장 사랑하는 시인' 윤동주(1917~1945)에 대한 국적 논란도 생겨났다. 필자는 취재차 옌볜조선족자치주(옌볜주)를 간 적이 있는데, 조선족은 물론이고 옌볜 지역 중국인도 윤동주를 잘 알고 있어 가슴이 뿌듯했다. 그런데 바이두에는 윤동주를 '중국조선족 애국시인'(中国朝鲜族爱国诗人)으로 설명한다. 당연히 그의 국적도 중국으로 표기돼 있다.

윤동주 시인의 연희전문학교 졸업사진. [출처: 위키피디아]

1992년 한중 국교가 수립되자 윤동주의 육촌동생인 가수 윤형주가 그의 묘소를 찾아갔는데, 잡풀이 무성하고 비석이 쓰러진 채 방치돼 있었다고 한다. 그간 윤동주에 대한 중국인의 관심이 전무했다고 볼 수 있다. 한국인이 윤동주를 좋아하지 않았다면 그의 묘지는 지금도 방치돼 있거나 사라졌을 가능성이 크다. 아무튼 중국이 뒤늦게 생가와 묘소를 새로 꾸미는 과정에서 윤동주를 '중국조선족 애국시인'으로 규정했다. 그가 '중국을 사랑해 항일 저항시를 썼다'고 오해할 수 있다.

윤동주의 선조는 함경도 출신으로 19세기 후반 학정과 배고픔을 이기지 못해 간도로 이민을 갔다. 당시 간도는 조선 행정구역 밖이고, 청나라도 사실상 방치하던 곳이다. 간도는 1917년 윤동주 출생 당시 '중화민국' 영토였다. 그러나 그는 함경도에 본적을 뒀고 중화민국 국적을 취득한 적이 없다. 그는 중국어가 아닌 한글로 시를 썼고 시적 자아 역시 조선인의 정체성을 갖고 있다고 해석된다. 지금의 중국인 '중화인민공화국'은 1949년 세워졌고 윤동주는 1945년 세상을 떠났다. 그의 출생지는 중국 영토에 있지만 그렇다고 해서 중국 국적을 가진 조선족은 아니라는 것이 한국인의 생각이다.

그러나 중국이 이런 견해를 받아들이고 있지는 않는 듯하다. 중화인민공화국법상 조선족은 "민족(民族)은 조선민족이며 국적은 중화인민공화국"이다. 그는 현 중국 영토인 간도에서 조선족 이민자 3세로 태어났고, 살아있는 동안 가장 많은 시간을 중국 영토에서 보냈다. 이 때문에 중국에서는 그를 '조선족 출신 중국인'으로 규정한다.

여기에는 하나의 역사를 두 나라가 함께 쓰는 이른바 '일사양용론'(一史兩用論)과 현 중국 영토 내에서 일어났던 일을 모두 중국 역사

중국 최대 포털사이트 바이두는 윤동주의 국적을 '중국'으로 표기하고 있다. [출처: 바이두]

로 간주하는 '판도(版圖)중국론'이 자리잡고 있다. 쉽게 말해서 조선족의 역사는 한국의 역사이자 중국의 역사라는 시각이다. '한국인이 윤동주의 국적을 어떻게 정의하든 우리는 그를 중국인으로 본다'는 생각을 도출할 수 있다. 그의 국적을 두고 양국 간 합의를 이끌어 내기가 쉽지 않을 것으로 보인다.

3.

'조선족은 한복 입으면 안 되나' 베이징동계올림픽 논란

베이징동계올림픽 개회식이 열린 2022년 2월. 중국에서 활동하는 각국 취재진과 국가체육장 '냐오차오'(鳥巢·새둥지)로 들어갔다. 이날 지켜본 동계올림픽 개회식은 소박하면서도 깊은 울림이 있었다. 딱히 흠잡을 만한 것이 없었다. '한복 논란'만 빼면 말이다.

식전 행사 영상에서 한복을 차려입은 이들이 방 안에 둘러앉아 윷놀이를 하며 설날을 보내고 있었다. 본행사에서도 흰색 저고리와 분홍색 치마를 입고 머리도 땋아 댕기로 장식한 조선족 여성이 무대에 등장해 사회 각계 대표와 '소시민들의 국기 전달' 행사에 참가했다.

당시 한국 언론에서 "중국이 한복을 자신들의 것이라고 말하려는 것 아니냐"는 비난을 쏟아냈다. 2022년 3월 대선을 앞둔 정치권도 들

2022년 2월 중국 베이징에서 열린 동계올림픽 개회식에서 조선족들이 설 차례상을 나눠 먹는 장면이 대형 화면을 통해 방영되고 있다. [출처: 필자]

썩였다. 당시 민주당 이재명 후보는 페이스북에 "문화를 탐하지 말라, 문화공정 반대"라는 글을 게시했고, 국민의힘 배현진 의원도 개막식에 직접 참석한 국회의장과 문체부 장관을 향해 "최소한의 국민 자존심, 배알을 놓을 정도로 신나게 넋 놓는 개막식이었나"고 쏘아붙였다.

다만 이런 반응은 중국 내 조선족의 입장을 감안하지 않고 감정적으로 이뤄진 터라 아쉬움이 있었다. 당시 중국에서 활동하는 교민 및 조선족 사회에서는 한국 내 논란을 두고 '이해하기 힘들다'는 반응이 많았다. 한족과 55개 소수 민족으로 이루어진 중국에서 소수 민족 고유 복장을 하고 개막식에 나간 것이 무슨 문제냐는 것이다.

당시 한 교민은 토론방에 "(한국이 한복 입은 조선족을 이렇게 싫어하면) 앞으로 조선족 여성은 한복 말고 뭘 입어야 하나요?"라고 글을 올렸다. 조선족 토론방에도 "한국에서 불거진 한복 논란은 논란의 가치도 없다. 피해를 보는 건 조선족으로 살아가는 우리 자신뿐"이라고 지적했다. 중국 55개 소수 민족 가운데 중국 사회에 성공적으로 융합한 것으로 평가받는 조선족이 주요 국가 행사에 한복을 입고 나온 것이 어제 오늘 일도 아닌데 왜 한국인들이 올림픽 행사 하나만 보고 화를 내느냐는 반박이다.

중국 베이징동계올림픽 개회식에서 한복 복장을 한 조선족 여성이 손을 흔들고 있다. [출처: 연합뉴스]

당시 베이징올림픽 개막식에는 러시아계·몽골계 소수민족도 등장했지만 러시아나 몽골에서는 별다른 반응이 나오지 않았다. 베이징에서 만난 한 러시아 기자는 "100개 넘는 민족이 모여 사는 러시아에서 이는 지극히 당연하고 자연스러운 것으로 받아들여진다"면서 "아마도 한국이 '단일민족 국가'이다 보니 유독 민감하게 해석하는 것 같다"고 평가했다.

베이징올림픽 때 등장한 한복을 두고 우리가 조선족의 특수성을 헤아리지 않고 과도하게 반응한 측면이 있다고 본다. 그럼에도 베이징올림픽 개막식 당시 한국인이 한복 등장에 분노한 것은 나름 이유가 있었다. 인도 매체 인디언익스프레스가 이를 정확히 지적했다. 한국인이 화가 난 근본 원인은 수십 년간 이어진 중국의 한국 문화 도용 시도 때문이라고. 한국에서는 당시 한복의 등장을 두고 '세계적 인기를 얻는 한류 소프트파워의 원류가 중국에 있다'는 속내를 드러내려는 의도가 담겼다고 해석했다. 이런 논란은 한중 두 나라가 더 좋은 친구로 나아가고자 한 번쯤 겪어야 할 '성장통'으로 여겨진다.

4.

윤석열 대통령의 '대만해협 안정' 발언 논란

특파원 3년 임기를 마치고 귀국하기 직전인 2023년 6월에는 싱하이밍 주한중국대사의 '베팅' 발언이 두 나라를 뒤흔들었다. "중국의 패배에 베팅하는 이들은 후회하지 않을까"라는 언급은 한국인 입장에서 분명 언짢은 발언이었다. 여당은 오만한 태도라고 발끈했고 우리 외교부도 싱 대사를 초치했다. 대통령실 역시 "중국의 적절한 조치를 기다린다"면서 그의 소환을 요구했다.

싱 대사는 2013년 12월 방한해 박근혜 당시 대통령과 만난 바이든 당시 미국 부통령의 발언을 활용한 것으로 보인다. 당시 바이든은 "미국의 반대편에 베팅하는 것은 결코 좋은 것이 아니다"라고 말했다. 중국과 너무 가까워지지 말라는 '내정 간섭'으로 해석될 여지가 다분했다. 그런데 싱하이밍의 발언을 '내정 간섭'으로 이해했다면 바이든의 발언 역시 '내정 간섭'으로 받아들여야 맞다. 다만 2013년 우리 정부와 여당은 바이든의 발언에 별다른 반응을 내놓지 않았다. 최우방 국가이자 혈맹인 미국을 자극하지 않으려는 의도로 풀이된다.

아무튼 중국은 우리 정부의 싱 대사 인사 조치 요구에 응하지 않았다. 그래서 싱하이밍의 발언은 '실수'가 아닌 '작심 발언'으로 해석됐다. 중국이 한국에 이렇게 강하게 나온 이유는 무엇일까.

베이징 특파원들은 누구나 알고 있었다. 싱 대사의 발언이 나오기 두 달 전인 2023년 4월 윤 대통령의 대만 언급이 문제의 시작이었다는 것을. 앞서 윤 대통령은 로이터통신 인터뷰에서 "대만해협의 긴장은 힘으로 현상을 바꾸려는 (중국의) 시도 때문에 벌어진 일이다. 우리는 힘에 의한 현상 변경에 절대 반대한다는 입장"이라고 말했다. '힘에 의한 대만해협 현상 변경'은 미국 등 서구세계가 중국의 대만 무력 위협을 비판할 때 쓰는 표현으로 '중국의 대만 침공 시 좌시하지 않겠다'는 경고를 담고 있다.

이 때문에 중국에서는 '윤 대통령이 대만 문제에서 미국의 입장을 지지한다'고 해석하고 한국에 대한 비난 수위를 크게 높였다. 중국에서 한한령(한류제한령) 부활 조짐이 불거지고 중국 본토에서 포털사이트 네이버가 접속 차단된 것도 윤 대통령의 '대만해협' 언급이 발단이 됐다는 분석이 나온다.

중국은 늘 '대만 문제는 중국의 핵심 이익 가운데 핵심'이라고 말한다. 대만이 중국의 일부라는 '하나의 중국' 원칙은 타협이 불가능한

2023년 6월 서울 성북구 중국대사관저에서 싱하이밍(오른쪽) 주한중국대사가 이재명 더불어민주당 대표를 만나 모두발언을 하고 있다. [출처: 국회사진기자단]

영역이다. 중국은 대만이 독립을 선언하면 전쟁도 불사하겠다는 입장을 분명히 한다. 미국이나 한국도 이 입장을 수용했기에 중국과 수교가 가능했다. 1992년 8월 한중 수교 공동성명에는 "대한민국 정부는 중화인민공화국 정부를 중국의 유일 합법정부로 승인하여 오직 하나의 중국만이 있고 대만은 중국의 일부분이라는 중국의 입장을 존중한다"고 돼 있다.

그간 역대 한국 정부는 이를 감안해 대만 관련 발언을 최대한 자제해 왔다. 그런데 윤 대통령이 스스로 대만 관련 발언을 내놓으면서, 국제사회는 한국 정부가 워싱턴의 입장에 발 맞춰 '하나의 중국' 원칙을 깰 수도 있음을 시사한 것으로 해석했다.

대만은 과거 대한민국임시정부를 가장 크게 지원한 중국국민당이 세웠다. 한국인 입장에서 민주주의 체제인 대만의 안보 위기는 슬프고 안타까울 수 있다. 그러나 냉엄한 국제관계에서 한반도 문제의 의미있는 해법을 찾으려면 우리 역시 중국의 대만 관련 입장을 존중해야 한다. 최근 한중 관계 급랭 기류는 우리 정부도 빌미를 제공한 측면이 있다. 우리 언론 역시 이를 냉정하게 바라보고 분석할 필요가 있다.

5.

한중관계의 삼십이립(三十而立), 새로운 시작을 위해

한국과 중국이 친구가 된 지 30년이 넘었다. 한국전쟁 이후 40년간 적대 관계를 이어 오던 두 나라는 1992년 수교를 통해 세계 외교사에서 유례를 찾기 힘든 성과를 냈다. 우리나라는 중국이라는 거대한 시장에 힘입어 1997년 국가부도 사태를 겪고도 세계 10대 강국(G10) 반열로 도약할 수 있었다. 1989년 톈안먼 사태 이후 국제적 고립 상태에 놓였던 중국도 한국의 기술과 마케팅을 흡수해 개혁개방에 속도를 냈고 이제 미국과 어깨를 견주는 양대 강국(G2) 지위에 올랐다.

2002년 경기 양주에서 여중생 두 명이 주한미군의 장갑차에 치여 숨진 '효순이 미선이 사건'을 계기로 한국에서 반미 감정이 극에 달했는데, 이때 중국을 좋게 인식하는 이들이 크게 늘었다. 20세기 제국

2024년 5월 13~14일 조태열-왕이 한중외교장관 회담이 베이징에서 열리고 있다. [출처: 서울신문]

주의 최대 피해국인 중국은 자신의 고통을 거울삼아 '대국이 돼도 미국처럼 주변국에 오만하게 굴지 않을 것'이라는 기대가 있었다. 그래서일까. 2010년대 초반까지만 해도 한국인이 중국을 바라보는 시선은 '이보다 더 좋을 순 없다'고 표현할 수 있었다. 그러나 2017년 한반도 사드 배치가 모든 것을 바꿔 놓았다. 그간 보지 못했던 베이징의 거친 언사와 한국을 존중하지 않는 모습은 큰 실망을 주었다. 과거에는 양국 국민이 서로 이해하고 넘어갔을 만한 일도 이제는 서로 눈을 부릅뜬다. 중국에 대해 좋은 기억을 많이 담고 있는 필자로서는 안타까움이 크다.

공자는 논어에서 "나이 서른이 돼서야 어떠한 일에도 움직이지 않는 신념이 섰다"고 전했다. 삼십이립(三十而立)이다. 이립을 넘어선 한중 관계는 더 성숙하고 견고해져야 한다. 한중 양국은 분명 정치체제와 가치관 등에서 근본적인 차이가 있다. 그렇지만 두 나라는 함께 경제를 키우고, 한중 모두 한반도 비핵화라는 목표를 공유한다. 두 나라 모두 반중·반한 여론에 매몰되지 않고 꾸준히 공통분모를 넓혀 한반도 안보 지형을 근본적으로 바꾸는 '인내와 노력의 외교'를 펼쳐야 한다. 양국 관계의 새로운 시작은 양국 언론이 역지사지(易地思之)의 자세로 서로를 더 깊이 이해하고자 노력하는 데 있다.

换位思考看待韩中关系的未来

柳志泳《首尔新闻》国际部记者

韩国和中国成为朋友已经有 30 多年了。经过朝鲜战争后 40 年的敌对状态，两国于 1992 年建立了外交关系，这在世界外交史上是史无前例的成就。得益于中国的巨大市场，尽管韩国在 1997 年遭遇了主权债务危机，但仍一跃跻身世界十大工业化国家（G10）行列。自 1989 年天安门事件以来一直处于国际孤立状态的中国吸收了韩国的技术和营销，加快了改革开放的步伐，如今已成为与美国并驾齐驱的 G2 强国。

在 2010 年代初之前，韩国人对中国的看法可以用"好得不能再好了"来形容。但 2017 年在韩国部署的萨德改变了这一切，中国政府的苛刻言辞和对韩国的漠视让韩国人大失所望。过去可能被中韩双方理解和忽视的事情，如今却变得刺眼起来。

孔子在《论语》中说:"吾三十而立, 四十而不惑"。韩中两国关系现在正是"三十而立"。过了这个年龄, 韩中关系应该更加成熟稳固。两国在政治制度和价值观念上显然存在根本差异。但两国有能力也有责任共同发展经济, 中国和韩国都有实现朝鲜半岛无核化的共同目标。两国不应陷入反华、反韩的舆论泥潭, 而应稳步扩大共同点, 践行"耐心外交、努力外交", 从根本上改变朝鲜半岛的安全格局。两国媒体以换位思考的姿态努力加深相互理解将是这一进程的开始。

우리는 서로를 어떻게 바라보고 있는가
– 한국언론인 9인의 중국에세이

인쇄 2024년 6월 24일
발행 2024년 7월 1일

펴낸이 황재호

책임편집 차도경
디자인/편집 박덕영, 황수경
펴낸곳 도서출판 오색필
주소 서울특별시 중구 필동로 42-1 상원빌딩 2층
전화 02-2264-3334
팩스 02-2264-3335
전자우편 areumy1@naver.com

ISBN 979-11-981861-6-4
값 18,000원

※ 잘못된 책은 교환해 드립니다.